全国学校体育联盟（教学改革）规划教材

# 体育品行课课养

## 《体育弟子规》教学指导书

毛振明　王　英　芦咏莉　主编

北京体育大学出版社

**策划编辑**：赵海宁
**责任编辑**：赵海宁
**责任校对**：李光源　王箬翾
**版式设计**：杨　俊

**图书在版编目（CIP）数据**

体育品行课课养：《体育弟子规》教学指导书 / 毛振明, 王英, 芦咏莉主编. -- 北京 : 北京体育大学出版社, 2021.9
全国学校体育联盟（教学改革）规划教材
ISBN 978-7-5644-3473-1

Ⅰ. ①体… Ⅱ. ①毛… ②王… ③芦… Ⅲ. ①体育－职业教育－教材 Ⅳ. ①G807.4

中国版本图书馆CIP数据核字(2021)第170289号

**体育品行课课养：《体育弟子规》教学指导书**
TIYU PINXING KEKEYANG:《TIYU DIZIGUI》JIAOXUE ZHIDAO SHU
**毛振明　王　英　芦咏莉　主编**

出版发行：北京体育大学出版社
地　　址：北京市海淀区农大南路1号院2号楼2层办公B-212
邮　　编：100084
网　　址：http: //cbs.bsu.edu.cn
发 行 部：010-62989320
邮 购 部：北京体育大学出版社读者服务部 010-62989432
印　　刷：北京瑞禾彩色印刷有限公司
开　　本：787 mm × 1092 mm　1/16
成品尺寸：185mm × 260mm
印　　张：12.75
字　　数：277千字
版　　次：2021年9月第1版
印　　次：2021年9月第1次印刷
定　　价：98.00元

# 本书编委会


主　编：毛振明　王　英　芦咏莉

副主编：蔡福全　高　悦　丁天翠<br>
缪滢滢　黄利华　李雪峰

编　委：（按姓氏笔画排序）<br>
丁盘泽（河北传媒学院）<br>
马　静（北京师范大学）<br>
马立军（北京大学附属小学）<br>
王　光（北方工业大学附属学校）<br>
王　芳（北方工业大学附属学校）<br>
王　潇（清华大学附属中学）<br>
帅旭梅（北京师范大学）<br>
刘　平（北方工业大学附属学校）<br>
刘艺欣（厦门沧江高级中学）<br>
孙爱凤（北方工业大学附属学校）<br>
李文玉（北方工业大学附属学校）<br>
李国红（北京师范大学）<br>
杨　旭（北京市学校体育联合会）<br>
何　意（北京市学校体育联合会）<br>
何可欣（北京师范大学）<br>
张　凯（人大附中亦庄新城学校）<br>
张信海（北京市陈经纶中学分校）<br>
张素玲（北方工业大学附属学校）<br>
张振利（北方工业大学附属学校）<br>
张媛媛（中国人民大学附属中学第二分校）<br>
赵梓越（中国人民大学附属中学第二分校）<br>
查　萍（北京师范大学）<br>
侯　峰（北方工业大学附属学校）<br>
侯富涛（河北体育学院）<br>
隋　阳（北京师范大学）<br>
韩　青（北京师范大学）<br>
程天佐（香港大学）<br>
谭世杰 [全国学校体育联盟（教学改革）]<br>
邓熙浩（北京市昌平区回龙观第二小学）

# 自 序

## 文明其精神 野蛮其体魄

2020 年初，突如其来的新冠病毒感染疫情席卷全球。这让我们意识到了健康的可贵，更深刻地体会到了体育运动的意义。虽然还未有研究证明体育锻炼能降低新冠肺炎的感染概率，但不可否认的是，良好的身体素质和强大的自身免疫力在对抗任何疾病时都是至关重要的。疫情过后，如何从根本上改变轻“武”观念，促少年自强，是全体中国体育工作者的责任。我认为，这样的重担，势必要由基础教育的体育同仁共担。

2016 年 10 月，北方工业大学附属学校作为项目校，加入了“一校一品”体育教学改革，在由毛振明教授带领的专家团队的指导下，开始了学校体育教学改革的探索之路。也正是因为与毛教授的邂逅，让我对学校体育的认识实现了从实践智慧到专业理性的升华。四年来，学校的体育教学改革卓有成效。作为新整合成立的学校，北方工业大学附属学校以体育为龙头，深入推进教育教学改革，实现了从整合到优质，从优质到品牌的飞跃。

什么是体育？体育不是“边缘”科目，不是“副科”，更不是“无足轻重”。体育所承载的，绝不仅仅是培养一项运动、一项专长，更是一种健康生活方式的养成，这一点对于基础教育尤为关键。体育的意义，在于在人生的初始阶段，让孩子们练就健康的体魄，培养积极向上的精神风貌和百折不挠的坚强意志。从小培养健康的生活方式，深植爱运动、强意志、遵规则、懂合作的文化基因，才能将运动内化为一种生活方式，代代相传。

写到这里，我想到了一句话：“文明其精神，野蛮其体魄。”体育承载着严守规则的纪律意识，提倡合作的集体精神，笑看输赢的豁达态度，顽强拼搏的自强精神，百折不挠的坚强意志，勇于挑战的进取精神……这些都是“文明其精神”的重要内涵。而《体育品行课课养：〈体育弟子规〉教学指导书》（以下简称《课课养》）更是让我们看到了体育育人的更多可能性。每一节体育课上，每一个体育活动中，都有其所提倡的文明行为，将这些文明行为同运动技能一道传授给孩子们，才能实现体育真正的育人价值。

北方工业大学附属学校的师生们很荣幸地参与了《课课养》这本书的编撰工作。书中的所有插图，都是由学校 1 ~ 9 年级的孩子们在美术老师的指导下绘制完成的。一笔一画，都是孩子们在“一校一品”体育教学改革中收获的真实写照。绘制插图的过程，本身就是一种教育。未来，相信会有更多的老师和学生从这本书中受益，透过这本书，看到一个更宏大的体育世界。

最后，借此机会，再一次感谢毛振明教授一直以来的指导，感谢全国学校体育联盟（教学改革）专家团队的帮助，我愿与全体体育同仁一道，凝心聚力，推陈出新，图我未来学校体育之大踏步发展！

王英

2020 年 6 月 30 日

于北方工业大学附属学校

# 前　言

思想品德教育是中国教育的首要任务，也是素质教育的核心内容。上至党和国家、下至每位家长都非常重视对学生开展思想品德教育，并热切期待其教育成果。

但是，近几十年来，中国青少年的思想品德教育问题却令国人忧虑：有些家庭对孩子的宠溺使得少年儿童以自我为中心的意识和无拘无束的行为日益严重，人们热切盼望学校能守住青少年思想品德教育的最后关口。然而，当前学校大多更关注知识的学习与成绩的好坏，对学生的思想品德教育不足使得当前“无敬畏”（没有孝心和敬畏心导致的胡作非为）、“无规则”（对规则、规矩甚至法律的满不在乎）、“无神经”（对影响他人不在意）、“无关心”（不关心周围的人和事）、“无气力”（没有精气神，基本体能差）、“无感动”（对美好的事物漠然）的“六无少年”越来越多。中国青少年的思想品德问题不但成为素质教育发展中的大问题，甚至成为新时代中国发展中的大问题。

为此，党的十八大报告提到，要把“立德树人”作为教育的根本任务。党和国家在有关青少年教育的各种文件中，都反复提到“立德树人”的基本要求，要求各个学科把“立德树人”作为教育的首要工作任务。但遗憾的是，各个学科在面对学科教育与道德品行教育的融合时，都显得有些束手无策，大家都知道传授学科知识时要以德育为先，但总是感觉这个“德育”虚无缥缈，看不清、抓不着，总是转回到以“大道理说教”来进行道德品行教育的老路上，结果必是久久无功。时至今日，学校教育中的德育依然是素质教育和学科教育中的短板之一。

虽然在诸多文件中，体育很重要，体育能培养人的团队精神、合作意识，能培养人的坚强意志和拼搏精神，但是在实际的教学与工作中对体育又形成了“体育说起来重要，做起来次要，忙起来不要”的观念。如果学生或自己的孩子在参加体育活动的过程中吃点苦、受点伤，那体育就更是不能要的了。

为什么体育教育成了这样？除了“学而优则仕”“书中自有黄金屋，书中自有颜如玉”的传统思想及当代中国应试教育的绝对优势之外，体育教育的“无为”“无能”“无效”也是其中重要的原因。多年来体育成为“教不会、教不懂、教不了”的学科，而其中的“教不懂”就是没有培养出学生良好的体育道德和品行，体育学科没能很好地完成“立德树人”的教育任务。

毛泽东同志说过：“体者，载知识之车而寓道德之舍也。”那么体育载道德的“车”是什么呢？车里载的“道德之物”又是什么呢？有货无车，有车无货，体育的道德与品行都到不了学生的身上和心里。全国学校体育联盟（教学改革）“体育立德树人与人格塑造”教育团队一直在苦苦思考着这两个问题，时至今日，我们悟到，《体育品行课课养：〈体育弟子规〉教学指导书》（以下简称《课课养》）就是这样一辆能够拉动体育道德品行的车，而这辆“车”里的“货”（可理解为体育道德品行教材）就是《体育弟子规》。

在此，我们确认编写《课课养》的初心，让“通过体育的道德品行教育”不再是高谈阔论，不再是“坐而论道”“放空炮”“喊口号”，让教育界能认识到，身体教育在促进教育“立德树人”方面具有的深远意义和宽广内容，是为广大体育老师提供在日常体育教学中可以更加具象地、可操作地对学生进行多方面的体育品德和行为教育的内容与方法，帮助一线的体育老师可以随时随地、融会贯通、潜移默化、春风化雨式地，有目的、有预案、有情景、有故事、有对比、有矫正、有训练、有方法、有评价地进行道德品行教育，是为了让每个体育老师在教育学生的同时，也要不断地净化自己的思想道德和行为，成为好老师、好示范、好榜样。

我们期待《课课养》能为体育学科在“立德树人”方面做出实实在在的贡献，能为祖国培养更多身心健康的孩子。

全国学校体育联盟（教学改革）主席

北京师范大学教授、博士生导师

2018 年 2 月 23 日

# 使用指导

《体育品行课课养：〈体育弟子规〉教学指导书》（以下简称《课课养》）是根据体育教育的功能，针对中小学生在有关身体行为、身体健康和身体锻炼等方面存在的问题而编写的，包括文明行为、体育学习、身体锻炼、竞争合作、运动安全、卫生保健、健康习惯等诸方面的教育内容。其中，有些内容已明显地超出了大家一般理解的体育概念和范畴。但是，我们认为《课课养》应首先解决与青少年的健康成长有密切关系的问题，为促进学生身心健康作贡献，而不应该过度拘泥于体育概念的精确，因此我们面对真实的问题，采用大身体、大体育、大健康、大锻炼、大成长的概念构建了"课课养"课程教学内容。

本教材内容结构和先后顺序，本应按照学生认知的发展、品行问题产生的时期和纠正能力的发展来构建。但是在编写《课课养》的过程中我们发现，许多问题并不能准确地判断发生的时机，很多时候这些问题是不断发生的，只是各个时期有着不同的特点，如礼貌、与同学和睦相处、生活习惯等问题是贯穿教育全过程的。基于这样的认识，本书按照文明行为的问题的逻辑来排列内容，没有完全按某个年龄易出现的错误来排列内容。

至于不同年龄和不同内容的教育教学方法问题，虽然说面对不同年龄的学生和有不同问题的学生，教师应采用不同的教育方法和教学手段，但我们认为：第一，如果把教学内容构建好了，教育教学方式方法的问题也就相对容易解决了；第二，教育教学方法的具体性和针对性是相对的。针对不同年龄层次的学生，有不同问题的学生，教师采用的教学方法是不同的。这个问题需要教师在具体的教学情境下去判断、去实施。因此，本书为了帮助教师的教育和教学，构建了以下具体的教学方法板块和相关的内容提示。

（1）道德意涵解说板块帮助教师和学生理解该教育的意义和道理。

（2）榜样故事板块是用以优秀人物的榜样力量去感召和引导学生，也有采用反面案例来警诫学生。

（3）主要错误板块是为学生提供可以对照的"镜子"，供学生去反思、去总结。

（4）学习与培养训练板块：

①道理讲解与认知学习是对教师具体讲解内容和认知内容的有关提示；

②情景再现与纠错学习是帮助学生进行总结学习和纠错学习的提示；

③集体学习与行为训练是组织学生进行集体学习和探究学习的提示；

④日常巩固与习惯养成是对学生习惯养成的提示，并鼓励其互相监督。

（5）拓展阅读板块根据学生的情况提供更多的学习资料。

基于上述认识，我们建议教师在进行“体育弟子规”的教育和使用本书时要注意以下几点：

第一，能够灵活性地使用本书。把握本书的基本精神，根据学生的问题和所在学校的具体情况进行教育。不要拘泥于本教材的顺序，可以把部分内容抽出来重新排列组合进行讲解和教育，要让教材“为我所用”“为教育需要所用”“为教育效果所用”。

第二，能够有针对性地使用本书。要针对眼前学生面临的重点问题进行教育，问题严重的方面要加强教育，教学时数和教学内容都要根据实际情况和教育需要进行调整。

第三，能够创造性地使用本书。要在本书的基础上，有创新、有补充地使用本书，特别是要努力增加有教育力量的真实案例，不断丰富《课课养》的内容和内涵。

第四，要有批判性地使用本书。“体育弟子规”是全新的教育内容，《课课养》的内容是体育品德教育的新思路，其中肯定存在不足之处，请各位老师在使用过程中予以批评指正。

我们期望《课课养》有一个好的教学效果，更期待它在使用中受到广大老师的欢迎和喜爱。

全国学校体育联盟（教学改革）
“体育立德树人与人格塑造”教育团队
2018 年 9 月 1 日

# 体育弟子规

遇师长，立停步，躬问好，笑眉目

家长呼，急趋步，问必答，自提物

遇同学，笑招呼，话体贴，心照顾

站如松，挺起胸，收下腹，腰不弓

坐如钟，身不松，腿不摇，手置中

静处子，身稳重，动脱兔，行如风

走如燕，脚正前，不晃髋，不垂肩

跑似箭，不前探，忌横摆，跑直线

转身前，回头看，不急转，雅身段

听口令，跑步行，想集体，事必成

练队列，步调齐，喊口令，士气冲

逢讲解，细聆听，深领会，记心中

看示范，悟要领，记环节，步骤清

做练习，必刻苦，贵坚持，克寒暑

分小组，心归属，尽己责，相帮助

解难题，要自主，遇困难，勇克服

做体操，要整齐，做器械，要心细

跑长跑，练毅力，座右铭，心中记

学武术，求功力，招式起，精神气

做保护，必万全，同伴好，自心安

放衣物，顿不乱，他人物，勿擅翻

爱公物，惜国产，物不抛，轻放搬

好竞技，讲友谊，好对手，惺相惜

好比赛，拼实力，小动作，不可取

赛前后，必行礼，同伴倒，必扶起

纪律守，规矩明，禁必止，令必行

人不幸，表同情，人有弱，不欺凌

多动脑，三思行，多探究，变聪明

在水边，勿乱欢，雅观赏，境如仙

在山间，勿乱攀，防危险，记心间

道路边，多危险，行守规，眼视前

衣领扣，勿乱敞，衣整齐，好形象

衣清洁，无污渍，无异味，有微香

衣合体，勿异装，便运动，不走光

练耐寒，少穿衣，耐酷暑，养性习

练身体，洗冷浴，好天气，日光浴

不畏风，不怕雨，爱自然，不娇气

生活中，不偷懒，勤锻炼，养习惯

注营养，食必全，食不好，不挑捡

讲清洁，爱护齿，讲卫生，爱护眼

小空间，勿高喊，低声语，人点赞

有邻人，体收敛，脚不跺，腿不颤

在通道，不久站，入电梯，勿迟慢

早明理，避烟酒，伤健康，形象丑

不空虚，不放纵，远毒品，远恶友

起与居，有节奏，勤学习，多远走

尚运动，修吾身，蛮体魄，文精神

身心健，强体魂，内外修，文武存

崇健康，心地纯，济天下，吾辈人

# 目录

# 第二篇 问候礼仪

# 一、遇师长，立停步，躬问好，笑眉目

**道德意涵解说**

师长，是每个人都要敬畏的。自古便有“一日为师，终身为父”的说法，可见尊师重道是中华民族的传统美德，因此，每个同学都要由衷地尊敬每位老师。尊敬老师既要发自内心，更要溢于言表，而溢于言表的一个重要表现就是你见到老师怎么做。“遇师长，立停步，躬问好，笑眉目”就是学生见到老师时的正确言行。为什么遇到师长要“立停步”？因为如果见到老师时匆匆走过或跑过，或边跑边打招呼，试想，这样对老师的尊敬又体现在哪里呢？“躬问好”是中国传统的面对师长的问候形式，是一种表示谦恭的身体语言，更是一种发自内心的态度表达。同样，“笑眉目”也是如此，现在有不少的学生面部表情僵化、冷峻，一副拒人于千里之外的样子，甚至在师长面前也是如此。要知道一个谦恭或傲慢的形体语言，一个温存或冷漠的面部表情，都表达着一种心意，代表着一种素养，固化着一种性格，最终形成一种态度，进而影响着一个人的人生。因此，正确的形体语言和良好的表情需要规范、锻炼和鼓励，更需要养成习惯。

## （一）榜样故事

我国有一个著名的成语叫作“程门立雪”，出自《宋史·杨时》，原文为：“至是，又见程颐于洛。时盖年四十矣。一日见颐，颐偶瞑坐，时与游酢侍立不去。颐既觉，则门外雪深一尺矣。”杨时是宋朝哲学家、文学家，他将“二程”（程颢、程颐）洛学从中原传播至东南等广大地区，在“二程”和朱熹之间起到了承前启后的作用，为理学南传及中华文化的传播做出了重要贡献。他于熙宁九年（1076 年）23 岁时就已经进士及第，之后拜北宋著名理学家程颢为师，后来程颢去世，他又拜程颢的弟弟程颐为师。在他 40 岁左右的时候，有一天他与好友游酢去拜见程颐，但是程颐当时正在屋里闭目养神，杨时和游酢就站立在门外没有离开。等程颐醒来发现他们的时候，门外的积雪已经有一尺多深了。杨时、游酢两个已经高中进士、有官职在身的人，为了不打扰老师休息，冒着严寒和大雪立在门外等候，充分体现了对老师的尊重，是对“礼制”的敬畏，更体现了自身的道德和修养，是中华民族传统文化在尊师重教方面的生动体现。

## （二）主要错误

问好时不目视师长
（作者：郭瑞馨；指导教师：张素玲）

边快走边问好
（作者：贯依霖；指导教师：张素玲）

问好时姿势不端正
（作者：高金果；指导教师：张素玲）

### 1. 问好时不目视师长

有些同学可能是因为羞涩，也可能是因为没有受到过问候礼仪的有关指导和纠正，在听老师说话或向老师问好时，眼睛并不是看着老师，而是环顾四周、东张西望，或眼睛盯在别处、目光游离，缺乏礼貌。

### 2. 边快走边问好

有些同学在向老师问好时，并没有停下脚步庄重地问好，有的同学甚至还在加快脚步，向师长问好时显得匆匆忙忙，有失敬重。匆忙和慌乱的行为也透露出一个人不够稳重的性格，缺乏绅士和淑女的风范。

### 3. 面目冷峻，没有笑容

有些同学在向老师问好时，面目冷峻或冷漠，和问好的行为格格不入，让人感到缺乏友善和尊重的态度，拒人于千里之外。长此以往，老师和同学就会远离他。

### 4. 问好时姿势不端正

有些同学在向老师问好时，身体姿态不端正。正确的姿势应是端正身体，挺胸、立腰，面向师长，然后鞠躬或行礼，以显尊敬。

### 5. 问好不响亮，字句含混不清

一声清脆响亮的“老师好”“老师您好”“老师早上好”，带着同学们对老师的尊敬和朝气蓬勃的精神。但有些同学在向老师问好时，声音不响亮，甚至字句含混，一句充满感情的“老师好”就变成了缺乏感情、口齿不清的问好，这种情况下对老师的尊敬就打了折扣。

## （三）学习与培养训练

### 1. 道理讲解与认知学习

老师要给同学们讲解尊师的道理，举例说明老师为什么被世人喻为“人类心灵的工程师”“燃烧自己照亮他人的蜡烛”“辛勤耕耘的园丁”“人梯”等，讲解“一日为师，终身为父”的中华理念和其中动人的故事，讲清尊敬师长是一个人最基本的道德，也是中华民族的传统美德。新时代的中小学生都应该从内心尊敬老师，在行为上体现出对老师的爱戴和尊敬，而每天见到老师恭恭敬敬地问好则是尊师爱师的基本体现。

### 2. 情景再现与纠错学习

老师可让某个同学做出有许多错误和不足的问好动作，让其他同学指出其中的错误，并展示正确的动作。此时老师还要和同学们仔细分析为什么会出现这样的错误及其背后的思想根源，如“因为快迟到了，所以敷衍了”“没想那么多，不就是问个好吗”“平常自己姿态就不太端正，习惯了，又没注意”“太正规了会有点不好意思”“我有点不太喜欢老师，所以……”等等。这些问题的背后还是一些同学缺乏对教师职业的敬畏之心，以及自己平时缺乏对长者的尊崇之心。因此，同学们首先要对老师或长者有敬畏之心和尊崇之心，然后还要不断规范自己的言行举止。

### 3. 集体学习与行为训练

同学们根据以上学习，谈谈对问好这件事情背后所折射出的问题和自己的体会。然后，大家在老师或者班长的组织下想象着在各种场合，如在教室、在操场、在各种仪式中，或在校外向老师问好的情景，练习正确的举止和适合的音量。老师可以参照礼仪训练那样的方法进行教学和组织练习，要让同学们严肃认真地对待“问好”这一文明行为的学习和养成教育。

### 4. 日常巩固与习惯养成

当同学们已经对“遇师长，立停步，躬问好，笑眉目”的道理知晓后，剩下的工作就是帮助同学们牢记尊敬师长的思想态度和谦恭举止，并逐渐养成习惯。要鼓励同学们在这方面互相学习、互相帮助，当看到同学有不尊敬师长的举止时，周围的同学要及时提醒，必要时提出批评。做得不好的同学面对其他同学的提醒和劝诫，要虚心接受并认真改正。

规范问好
（作者：石可欣；指导教师：王芳）

# 二、家长呼，急趋步，问必答，自提物

## 道德意涵解说

父母和家里的其他长辈，都是晚辈要尊敬和孝顺的。在中华传统文化里，孝道是第一美德，也是人格的底线，一个连父母和其他长辈都不孝顺的人，是不会被社会接纳的。因此，每个同学都要由衷地孝顺自己的父母和其他长辈。孝顺父母和其他长辈不是一句空话，是体现在行动上的。现在有不少同学上学、放学时，自己的书包是背在爷爷奶奶身上的，而同学则心安理得地空着手走路。想一想，年迈的爷爷奶奶帮同学们背书包是出于对孩子的爱，但是孩子对长辈的孝顺、关心与爱戴又体现在哪里呢？所以我们要求每个同学都要做到“家长呼，急趋步，问必答，自提物”。“家长呼，急趋步”是指在听到家长的呼唤时要小步快行迎向家长，而不能不理不睬，或只顾和同学聊天说笑，或慢吞吞地迎向家长；“问必答”是指听到家长的问候要认真、恭敬地予以回答，不可置若罔闻或者敷衍了事地回应；“自提物”是指要从小记住“自己的东西自己拿，自己的事情自己做，自己的责任自己负”，还要记住“我们要用自己的肩膀照顾年迈的爷爷奶奶，要用自己的努力去孝敬亲人”，因此“自提物”不是一件小事，而是一个中华少年自小就应该有的孝心和责任心。

## （一）榜样故事

“父母呼，应勿缓；父母命，行勿懒；父母教，须敬听；父母责，须顺承。”这是《弟子规》的第一句话，说的是父母有事召唤的时候，要立刻响应、不能迟缓；父母吩咐做的事，要尽心尽力、尽快完成，不能偷懒；父母的教诲要恭敬地认真听取；如果做错了事被父母责罚，要虚心听取，不能顶嘴。清代学者王永彬所著的《围炉夜话》中有关于孝敬的经典论述：“百善孝为先，万恶淫为源。常存仁孝心，则天下凡不可为者，皆不忍为，所以孝居百行之先。”

不同的学者，不约而同地把“孝”放在各种道德品行之先，这不是偶然，而是中华五千年文化传承的精华。

司马迁是我国古代著名的史学家、文学家、思想家，其著作《史记》被鲁迅评为“史家之绝唱，无韵之离骚”。然而，司马迁的人生并非一帆风顺，他曾囚困牢狱，遭受酷刑，但仍秉承信念，穷尽一生著述《史记》。司马迁之所以能够始终抱有坚韧持久的意志，成就这番史学功绩，与其对父母的孝心密不可分。司马迁的父亲司马谈在临终之时，感于自己编著历史的抱负没有完成，嘱咐司马迁要完成自己的遗愿，并强调孝顺“始于事亲，中于事君，终于立身。扬名于后世，以显父母，此孝之大者也”。意思是孝道的最浅层次是侍奉父母，中间层次是侍奉国君，最高层次是建立功名，使自己名扬后世，连父母也跟着光荣。司马迁谨记父亲的教诲，在司马谈去世后接任父亲的工作成为太史，并将著史当作自己毕生的事业，呕心沥血完成著述，名扬后世。司马迁的史学著作蕴结着司马迁对其父母的“孝”，其父亲司马谈临终前所著的《命子迁》是《史记》这部绝唱的前奏，司马迁“阐扬先美”，子承父志则成就绝唱的余韵。

## （二）主要错误

### 1. 面对家长的招呼没有敏捷地行动

有些同学在家长招呼自己时动作很慢，甚至充耳不闻，好像没有听见似的。这种态度是长期养成的毛病，是对家长的不恭敬。

家长叫时不行动
（作者：段涵琪；指导教师：张素玲）

### 2. 不及时回答家长的问话

有些同学在家长问一些关心自己的问题时，比如“今天吃饭还好吧”“今天有作业吗”“现在热吗”，或不回答，或不好好地回答，或点头、摇头敷衍，这种不良态度和行为也是对家长的不恭敬。

### 3. 对家长做出不尊的言行

个别同学因为家长过度的宠溺和必要教育的缺失，变得任性无理，在不满时对家长出言不逊，如“你怎么……”“我告诉你”“你听着”，甚至口吐脏字、口出狂言。这些都是不可容忍的错误，必须立即彻底予以改正。

不及时回答家长的问话
（作者：贾依霖；指导教师：张素玲）

### 4. 让家长拿书包和学习用具

现在有很多同学，特别是年级较低的同学在上学和放学的路上，书包和乐器等物品都是由父母拿着，甚至是爷爷奶奶拿着，这是家长们出于对同学们的爱

让家长拿东西背书包
（作者：胡雨泽；指导教师：张素玲）

护才这样做的。其实，同学们的书包自己完全拿得动或背得动；有时候书包比较重，不宜让年迈的长辈拿着。无论是哪种情况，同学们都应从锻炼自己和体贴长辈的角度出发，坚持要“自提物”。

## （三）学习与培养训练

### 1. 道理讲解与认知学习

老师要给同学们讲解敬爱父母的道理，举例说明中国的先贤都非常敬爱自己的父母和长辈，以此向同学们讲清孝敬父母是中华儿女最基本的道德，更是我们中华民族的传统美德。新时代的中小学生都应该从内心敬爱自己的父母，要懂得，一个连自己的父母都不敬爱、不孝顺的人，是不能在社会上立足的，也是不可能有朋友的。为此，每位同学都要在行为上体现出对自己父母和其他长辈的敬爱，而每天做到“家长呼，急趋步，问必答，自提物”应该就是第一步。

### 2. 情景再现与纠错学习

老师可让一个同学扮成父母或爷爷奶奶（长辈），让另一个同学扮成孩子。“长辈”可以提出许多问题和做出要帮助孩子拿各种东西的举动，让扮演孩子的同学按照自己的习惯做出反应，让其他没有扮演任务的同学指出其中的错误，并展示正确的行为。此时老师还需要和大家一起分析，为什么会出现这样不正确的举动及其背后的思想根源，如“觉得是亲人，没这个必要”“我妈问题太多，有点烦”“奶奶非得帮我拿书包，不让她拿还不干”“我都背了一天书包了，爷爷有劲，还可以锻炼身体呢”“从小就这样，没想到这个道理”，等等。这些不正确行为的背后是学生缺乏对长辈的敬爱和孝顺，因此，学生要从心里认识到要尊敬长辈。

### 3. 集体学习与行为训练

同学们根据以上学习谈谈对“孝顺”的认识和体会。大家可以在老师或者班长的组织下，想象着各种与家长在一起的场合，如在车上、在家中的各种情景，与家长发生不愉快的时候，家长生病的时候，等等。大家一起练习、体验和总结正确的举止。老师可以参照礼仪训练的方法组织一些集体的练习，让同学们在体验性学习中学会尊敬和孝顺长辈的正确言行。

### 4. 日常巩固与习惯养成

当同学们对“家长呼，急趋步，问必答，自提物”的道理和正确行为知晓后，还要把敬爱长辈的思想态度和谦恭举止巩固下来，养成良好的习惯。要鼓励同学们在这方面互相学习，当看到同学在对待家长不敬的时候要及时互相提醒，做得不好的同学得到其他同学的提醒和劝诫时，要虚心接受并认真改正。

面对父母的正确行为
（作者：刘嘉一；指导教师：张振利）

## （四）拓展阅读

中国是一个崇尚孝道的国家，但也是一个法治国家。当我们遇到父母犯错时，作为孩子，我们便进入一个两难的境地。古时李离追捕犯人，却发现犯人是自己的父亲，最终放走父亲，自己认罪自杀以正国法。当父母犯错时，我们首先应该向父母表明自己的态度，指出父母的错误。然后对犯错的父母进行劝解，且劝解时要文明有礼。人非圣贤，孰能无过，知错能改，善莫大焉。

# 三、遇同学，笑招呼，话体贴，心照顾

## 道德意涵解说

同学是每个人在人生中学习期间的同伴，特别是中小学的同学。由于共同学习时间长，或者是最初始的同学，互相了解最深，相互感情也最深。同学在自己的成长中具有多重意义：他们有时是玩伴，有时是榜样，有时是竞争者，有时是合作者，有时是哥哥姐姐，有时是弟弟妹妹；你会和同学一起笑，也会和同学一起哭，会和同学一起忧，会和同学一起愁；同学是财富，是记忆，是力量，是标尺。因此，我们一定要珍视同学，爱护同学。

如果你遇到了你喜欢的同学，我相信你一定很容易露出灿烂的笑容。但是当你遇到一个你不怎么喜欢，或者最近闹了点小矛盾的同学呢？这时，就要靠你对同学缘分的珍视，通过你的教养去努力地露出笑容，主动打个招呼。这时的笑容和招呼可能会有点难，但请你相信它在你同学的心里一定很甜很甜，有了笑容以后所说的话也一定是好听的，板着脸说的话一定是难听的，难看的脸、难听的话其实都是冷漠。我们虽然很难要求自己永远都保持笑脸，永远都说好听的话，但我们要努力让好看的脸和好听的话比难看的脸和难听的话多得多。要做到这一点，就要尽可能保持你的心是温暖的、善良的、体贴的、具有同情心的、秉持着“己所不欲，勿施于人”的原则的。这时，你就可以比较容易做到“遇同学，笑招呼，话体贴，心照顾”了。

## （一）榜样故事

《后汉书·独行列传》中有一个“鸡黍之交”的典故，来自东汉时期的名士范式（字巨卿，别名汜，山阳郡金乡县，今山东省济宁市金乡县人）和张劭（字元伯，汝南郡人，今河南省汝南县人）的故事。

范式与张劭在太学（当时的最高学府）游学时结下了深厚的友谊，在两人告别、各自回乡的时候，范式对张劭说：“我两年后会到你家里来，来拜见你的父母，还要看看你的子女。”并且两人一起约定了会面日期。后来，约定的时间快到的时候，张劭把约定的事情全部告诉了母亲，请母亲帮助安排食物，等着招待范式。母亲说：“两年的离别，千里之外的约定，你怎么会相信他一定能做到呢？”张劭说：“范式是个守信的人，他一定会信守承诺、不会违背。”母亲说：“如果是这样的话，那应该要帮你准备酿酒了。”果然，在约定的日期，范式准时到来了，拜见张劭的父母，并一起饮酒，尽兴之后才告别。

当人回想往事的时候，往往会发现，在少年儿童时期，人与人之间没有利益关系，结下的都是最纯真的友情，这种友情可以伴随人的终生，并且是无法替代的。而结下友情的基础，就在于每一次见面时笑语盈盈的招呼、问候，以及朋友之间体贴的话语，朋友需要时的用心照顾和爱护。珍惜每一份同窗之谊，不仅是个人的良好品德，更是在为自己的人生积累无尽的精神财富。

## （二）主要错误

### 1. 给同学起外号，叫同学外号

外号好像是一个人的影子，似乎人人都有。有的外号接近昵称和爱称，这种外号透着亲切和爱意，如“郭子”“大个儿”。而这里说的不能起、不能叫的外号是指带有侮辱性和歧视性的，这些外号既侮辱了同学，又玷污了自己的心灵，因此要杜绝这样的不良行为。

给同学起外号
（作者：段涵琪；指导教师：张素玲）

### 2. 冷漠对待甚至歧视有生活和学习困难的同学

这是不少同学容易犯的错误。有些同学面对一些学习不太好、家境不太好、体形不太好或者运动能力较差的同学，会产生看不起甚至是歧视的心理。常见的错误行为是躲避、冷漠、嘲笑、起外号、歧视，严重的甚至会有欺凌的行为。这些错误行为反映了内心的冷漠和缺乏同情心。

冷漠对待有困难的同学
（作者：孙嘉凝；指导教师：张素玲）

### 3. 对同学说话时使用脏字

作为一个新时代的青少年一定要保持语言的文明。虽然社会上有很多不文明的语言，但同学们一定要洁身自好，坚持不说脏话。在学校里，在班级中，面对同学时都要用文明语言，特别是在活力满满的体育活动中，更要克制自己的言行，杜绝说脏话。

说别人的坏话
（作者：何芳晗；指导教师：张素玲）

4. 当面贬损和讥笑同学

有些同学面对其他同学所取得的成绩时，或在别人发表观点或意见的时候，会当面说怪话和酸话，甚至当面贬损、挖苦、讥笑同学，让人下不来台。这是非常不好的心态和行为，久而久之，这种不良行为会影响自己的形象和大家的团结。错误的原因是狭隘的心胸和骄傲的心态，必须认真努力改正。

5. 背后说同学坏话甚至传谣

有些同学喜欢在背后说同学的坏话，甚至是不实的坏话，这些行为已经是很严重的错误了。这种行为持久下去并养成习惯，就会影响自己的人格，须特别重视，认真对待、深刻反省并坚决克服。

## （三）学习与培养训练

1. 道理讲解与认知学习

老师要给同学们讲解热爱同学的道理，说明同学是人生的宝贵财富。讲解“同窗”的含义和同学友情的故事，讲清团结热爱同学是一个人的道德体现，也是友情和爱心的体现。告诉大家，作为新时代的中小学生都应该从内心热爱、尊重每一个同学，特别是那些有困难的同学。要让大家知道，每个同学都会有他的长处，应该善于发现别人的长处，并努力去互相学习、互相帮助，将身边的同学都视作自己学习的榜样和帮助的对象。

2. 情景再现与纠错学习

老师组织大家想象一个学习有困难的同学，让同学们做出几种对待他的言行，让其他同学们指出其中的正确言行和错误言行。老师还要组织同学们分析，为什么会出现这样的错误，及其背后的思想根源，如“因为他拖了集体的后腿”“因为别人都叫外号，我也就跟着叫了”“有些事我听别人说的，我就信了”，等等。老师组织同学们分析，这些现象的背后是因为缺乏对同学的同情和爱心，只要对同学有爱心，就自然会产生友爱的行为举止。

3. 集体学习与行为训练

同学们根据以上学习谈谈其中所折射出的问题和自己的体会。然后，大家在老师或者班长的组织下，想象着在各种场合与同学相处的情景，如同学们在教室、在操场、在俱乐部、在社区的各种喜怒哀乐的情景，体验和练习正确的同学友好相待的言行。

4. 日常巩固与习惯养成

当同学们理解了“遇同学，笑招呼，话体贴，心照顾”的道理之后，下面的工作就是帮助同学们巩固互相学习、互相照顾的良好言行并让其逐渐养成习惯。老师要鼓励同学们体会互相学习和互相帮助的益处，也要鼓励大家互相督促。看到同学做得不好的时候，大家要及时善意地提醒，被提醒的同学要虚心接受并及时改正，大家一起努力，使班集体成为团结友爱的温暖集体。

面对同学的正确行为
（作者：刘嘉一；指导教师：张振利）

# 第二篇 文明与健康的身体行为

## 四、站如松，挺起胸，收下腹，腰不弓

### 道德意涵解说

站立虽是人类的一个自然身体动作和身体姿势，但是社会化的人，其站立就不仅仅是一个简单的“站着”的含义了。良好站姿不但有利于人的身体健康，还透露着一个人的教养、情感和待人态度，站姿是一个人品格和道德的缩影。为此，《体育弟子规》强调对学生站姿进行严格的要求与训练，使学生能够通过良好的站姿锻炼，将自己培养成为一个和善的、向上的、谦逊的人。松树象征着高雅和坚强，“站如松”是说人的站立要像青松一般端直挺拔，而不可松松垮垮，吊儿郎当。“挺起胸，收下腹，腰不弓”则是“站如松”的三个动作要领：挺胸，在心理上使人有心胸宽阔和宽宏大量的感觉，在生理上有提升呼吸深度的功效；收腹，在心理上有不松懈和敢于担当的感觉，在生理上则能提升腹部紧张度以防止大腹便便；立腰，在心理上使人有向上和自信的感觉，在生理上可强化腰部肌肉力量维护脊柱健康。更为重要的是“站如松，挺起胸，收下腹，腰不弓”体现了一个人的精神面貌和生活态度，是人优美仪态和高雅气质的起点。在影视剧里，要表现好人和坏人，经常通过站姿就能让大家一目了然，产生爱憎感。可见良好站姿的养成具有多么重要的意义。

### （一）榜样故事

在《世说新语》里，有一则关于曹操的故事：三国时期，有一次，已经做了魏王的曹操要接见匈奴使者。曹操觉得自己相貌不佳，恐怕不足以树立威信，于是就让相貌俊美的谋士崔琰代替自己接见，自己则挎刀站在一旁充当侍卫。接见结束后，曹操派人私下问匈奴使者：“对魏王的感觉如何？”使者回答道：“魏王看上去俊秀儒雅，但我感觉站在旁边的挎刀侍卫才是一个真英雄。”一个人站在那里，即使貌不惊人，也没有其他举动，但仅凭站姿就能得到别人

歪着站
（作者：倪偲涵；指导教师：王光）

的赞许和崇敬，可见看似简单的站姿，就可以投射出一个人的内在修养和气质，值得每一个人重视。

## （二）主要错误

### 1. 歪着站

髋部向一侧大幅度顶出，头部和脖子也随之向一侧弯曲，两手叉腰或松弛地悬垂在体侧。

### 2. 佝着站

也就是佝偻着站立，特征是两肩内含，腰部弯曲，腹部微微向前，头部微微前探，两手松弛地悬垂于体前。

### 3. 颠着站

站立时一边斜身站立，一边单腿抖动，或者双腿抖动着站立，一般还伴随着歪头、歪肩等不雅动作。

倚着站
（作者：马持；指导教师：王光）

### 4. 八字站

站立时两脚外撇，两腿分得较开，身体略后仰，腹部顶出，手呈背手状或插兜状。

### 5. 倚着站

就是倚靠着身边的物体（墙、树、杆）站立。在非正式场合，有时倚靠着物体或手撑扶着物体站立也是一种比较得体的站姿；但在正式场合或有长者在时，就不能采用这种站姿，如果再有过度的歪斜和松懈就更加错误了，也就是《弟子规》中说的“勿跛倚”。

## （三）学习与培养训练

### 1. 道理讲解与认知学习

老师依据人体解剖学的知识和原理，讲解正确站姿对身体发育的良好作用，以及不正确站姿对身体发育的不良影响；借助多个生动的古代故事，讲解中华传统文化中身体语言的深刻含义，以及对人站立动作的相关要求。

### 2. 情景再现与纠错学习

老师通过示范各种正确或不正确的站立动作，让同学们体会其中蕴含的信息，并从感性和理性两方面认识站立背后的礼貌、教养含义。同学们互相指出并纠正日常站姿的不足与错误，通过指出别人的缺点来确认和加深对正确站姿的理解。

### 3. 集体学习与行为训练

在体育课中，老师利用集合整队和课堂教学等实践环节进行 1 ~ 2 分钟的站姿训练。要领：头正，颈直，两眼平视，下颌微收；双肩平齐且微向后展开，挺胸收腹，上身自然挺拔；两臂自然下垂；两腿挺直，膝盖相碰，脚跟并拢，脚尖分开；身体重心穿过脊柱，落在两脚正中。需要注意的是，这里不是简单的“站军姿”，而是日常文雅站姿的训练。训练还提倡运用多种游戏辅助，如用“木头人”游戏来锻炼同学们瞬间转换各种正确站姿的能力。此后，在形成正确站姿的基础上，对同学们进行各种变化站姿的综合训练，如行队礼、注目礼、鞠躬礼、握手礼、招手礼，以及让行、转身等。

### 4. 日常巩固与习惯养成

同学们在此后的日常生活中时时注意自己的站姿，不断纠正自己的错误站姿，并以“一帮一”的形式帮助其他同学，逐渐养成良好习惯。必要时，还要进行“回头看”教育。

正确的站姿

（作者：张欣颜；指导教师：王芳）

# 五、坐如钟，身不松，腿不摇，手置中

## 道德意涵解说

钟，在人们的心中代表着厚重和庄严。“坐如钟”是比喻一个人在各种不同的场合里，坐姿要稳重和端庄，像铸造的大钟一样，给人以有修养、有底蕴、很稳重的印象，也表现出自己认真对待别人和尊重别人的态度。“身不松”是指身体在坐立时要持重，要板住身体，不能松懈，更不可坐立时摇摇晃晃，或者呈松软半倒卧的姿势。而“腿不摇”是大家需要特别注意的，现在有一些人坐着时总是抖腿，这是一个非常不好的动作，因为抖腿透露着一个人的无聊、紧张、不自信、无教养和对人的轻蔑态度，一定不要养成这个毛病。“手置中”是说在坐着时手不可乱放，如果椅子没有扶手，将手自然地放在身前是最合适、美观的方式，切不可在坐着时手在身前乱动，甚至是有抓耳挠腮之类的动作。

## （一）榜样故事

据《史记·高祖本纪》记载，汉高祖刘邦在起兵反秦的时候经过高阳，当时著名的说客郦食其正在负责看管城门，他说：“诸将过此者多，吾视沛公大人长者。”意思是说：各路将领经过此地的多了，我看只有沛公（刘邦）才是个德行高尚、忠厚老实的人。于是郦食其前去拜见刘邦，当时刘邦正叉开两腿坐在床上，让两个女子给他洗脚。郦食其见了并不叩拜，只是略微俯身作了个长揖，说：“如果您要诛灭没有德政的秦，就不应该踞坐（两腿分开平伸，上身与腿成直角而坐下来的一种坐姿）着接见长者。”刘邦惭愧地站起身来整理衣服并向郦食其道歉，还把他请到上座，虚心请教。最终郦食其投奔刘邦，为他出谋划策，并以三寸之舌游说各方势力，为刘邦灭秦抗楚做出了重大贡献。

## （二）主要错误

### 1. 歪着坐

歪着坐就是坐姿时身体过度倾斜。需要说明的是，如果在家休息，这种姿势无可厚非。但是在正式的场合，特别是面对别人，尤其是面对师长的时候，这种姿势会显得人很懒散，不尊重人，没有礼貌。

### 2. 颤着坐

颤着坐就是坐在那里抖动双腿。有这种习惯的人不少，还有人觉得这个动作很潇洒。其实这种动作既不文雅，也不潇洒，如果是坐在长椅上或脚蹬在前面的座椅上，会给邻座、前座的人带来很大困扰。

颤着坐
（作者：聂诗荟；指导教师：刘平）

### 3. 散着坐

散着坐就是俗话说的“四仰八叉”，即两手搭在两侧的椅背上，两脚叉开。这样的坐姿非常不文雅，有种不尊重人的感觉，而且会给邻座的人带来困扰。在公共场合要杜绝这种坐姿。

散着坐
（作者：丁彤；指导教师：刘平）

### 4. 手的姿势不雅观

坐姿不单是躯干和腿的问题，还有手的问题，常见的坐姿中关于手的问题有：手势幅度过大、手在身上乱摸、手在椅背上来回摸、各种不安静的手势，等等。

## （三）学习与培养训练

### 1. 道理讲解与认知学习

老师要给同学们讲解“坐如钟”的道理，举例说明一个小小的坐姿会给别人带来什么印象，带来怎样的困扰。告诉同学们正襟危坐是学生在公共场合应该有的外部形象，是良好的家庭教育和文明修养的体现。

### 2. 情景再现与纠错学习

老师可让某位同学做出正确和错误的坐姿，让其他同学指出其中的错误，并共同认知正确的坐姿。老师要引导同学们分析为什么会出现这样的错误、什么时候容易出现这些错误的坐姿以及出现这些错误的思想根源，如“因为时间长了，就放松了”“因为累了，就想舒服点”“因为长辈是熟人”“因为大家都是乘客嘛”“没想到做个安静的邻人也是教养”“一直觉得抖腿挺帅的”，等等。老师要和同学们分享“最大的文明是不要打扰别人和给人以困惑感”，从“律己为人”的高度来认识正确的坐姿问题。

### 3. 集体学习与行为训练

同学们根据以上学习谈谈“坐如钟”所折射出的问题和自己的体会。然后，大家在老师或者班长的带领下想象着各种坐的场合，如教室、礼堂、车上、各种仪式上等，练习与各种场合相适恰的坐姿。

正确的坐姿
（作者：冯安娜、冯安妮；指导教师：王芳）

### 4. 日常巩固与习惯养成

当同学们都已经对“坐如钟，身不松，腿不摇，手置中”的道理和正确行为知晓后，接下来的工作就是帮助同学们将各种场合的正确坐姿巩固下来，逐渐养成良好的坐姿习惯。要鼓励同学们在坐姿方面互相学习、互相帮助，当看到有同学坐姿不好时，其他人要及时进行提醒或纠正，被提醒和被纠正的同学要虚心接受并及时改正。

# 六、静处子，身稳重，动脱兔，行如风

**道德意涵解说**

动修身，静养心，动静相宜，身心健康。动与静是一个整体中不可分割的两个部分。在激烈的体育对抗中，往往是更冷静的一方获胜；在安静的课堂里，往往是思想活跃的学生学到得更多。身心健康的关键在于动静相宜，“宜”的意思是合适。每个人动和静的指标不一样，我们锻炼的目的就是在日常的生活、工作、学习和运动当中找到适合自己的运动量。

《孙子兵法》中有“静若处子，动若脱兔”的说法，虽然主要指的是军队的战略动态原则，但如果引申到一个人的文明行为，其实也是一个道理。“静与动，心分明”是指每个人要清晰地知道什么场合该活跃地动起来，什么场合该沉稳地安静下去。这是个听起来好像很容易做到的事情，但在现实中，却有很多人难以做到。他们在课堂上左顾右盼，甚至交头接耳，在音乐厅、博物馆、医院等公共场所里做出不安静甚至影响他人的举动；但是他们到了运动会、联欢会上，又变得无精打采、无所事事、畏畏缩缩，这样的人是不会被大家所喜欢的。“静如山，动如风”是说当代的青少年要在需要保持安静的场所静如处子，文明端庄；要在运动场上和各类竞技场上拼尽全力，奋勇争先。

## （一）榜样故事

我国著名的乒乓球运动员邓亚萍，是乒乓球女子单打“大满贯”（夺得奥运会、世锦赛、世界杯三大赛全部冠军）得主。在 14 年的运动生涯中，她共拿到了 18 个世界冠军。在 1992 年巴塞罗那奥运会和 1996 年亚特兰大奥运会中，她作为中国乒乓球队的绝对主力，连续两届夺得女子单打和女子双打两枚金牌，成为中国奥运历史上第一位夺得四枚奥运金牌的运动员。她曾连续 8 年居女子乒乓球世界排名第一，是目前乒乓球史上排名世界第一时间最长的女运动员。

邓亚萍，出生于河南省郑州市的一个乒乓球世家，她从 5 岁起就跟随曾经是河南省乒乓球队运动员的父亲学习打球。由于邓亚萍个子矮，曾经被体校认为没有前途而拒之门外，她父亲就根据邓亚萍的身体条件为她量身定制了一套训练方案，亲自训练她。身高不高的邓亚萍明白，她需要比别人付出更多才能成功。凭着苦练出来的罕见的击球速度、无所畏惧的胆色和顽强拼搏的精神，邓亚萍 13 岁时夺得全国冠军，15 岁时获得亚洲冠军，16 岁时获得世界冠军，并从此开始称霸世界女子乒坛直到退役。

在退役之后，她不像其他优秀运动员那样去做教练或官员，而是选择进入清华大学学习英语。零基础的她需要从 26 个字母开始学起，她以同样的拼搏精神投入到学习之中，半年之后又前往英国剑桥大学学习语言，陌生的环境、不熟练的语言并没有难住她，反而更加激发了她的学习热情，她先后取得清华大学的学士、英国诺丁汉大学的硕士和经济学博士学位，并进入国际奥委会，在道德委员会以及体育与环境委员会两个委员会中担任职务，而后进入北京奥运会组委会担任奥运村部副部长。她还曾经担任共青团北京市委副书记、人民日报社副秘书长等职务，在不同的岗位、以不同的方式继续为国家作贡献。

## （二）主要错误



### 1. 行为不安静

指在需要安静的场合来回走动，到处乱看，到处乱摸，不安静地排队，在别人的身前来回走动。

### 2. 身体乱动

指身体的大动作虽然静止，但身体的某些部分乱动，如抖腿、耸肩、抓耳挠腮等。

与他人相邻时身体乱动
（作者：宋一诺；指导教师：刘平）

### 3. 东张西望

指四处看，表现为头部来回转动过于频繁。头部的动作过多就容易让人感觉不稳重。

### 4. 面部乱动

指面部表情不断变换，例如不停地做眨眼睛、耸鼻子、歪嘴等动作。

#### 5. 口鼻里发出各种声音

鼻子里发出吸鼻子的声音，嘴里不时发出类似咂舌的声音，或大声地打哈欠的声音。

口鼻不时发出声音
（作者：张怡佳；指导教师：刘平）

### （三）学习与培养训练

#### 1. 道理讲解与认知学习

老师要给同学们讲解一个文明人的第一表征就是稳重而安静。所谓端庄就是“静若处子”，是“泰山崩于前而色不变”。同时老师为同学们举例说明名人平时都是落落大方的，在危急时刻也是不乱方寸的。因为他们心中有大方略，也见过大世面，所以他们能在任何时候“稳如泰山”。但是他们一旦行动起来，又会“动若脱兔”，行动果敢而敏捷，绝不拖泥带水。我们新时代的青少年都应该从小在心中树立目标，多学习，多参加社会实践，增长知识，去掉身上的小家子气，在行动上要“静若处子，动若脱兔”，展现落落大方的气质与昂扬的精神面貌。

#### 2. 情景再现与纠错学习

老师可让某些同学做出错误和不文雅的行为举止，让其他同学指出其中的错误，并展示出正确且落落大方的行为。此时老师还要分析为什么出现不稳重行为及其背后的思想根源，如“因为看着那个按钮好奇，就上去摸了”“闲着没事，就瞎溜达呗”“看别人鼻眼乱动，以为好玩就模仿，慢慢养成毛病了”“没觉得身体乱动是个毛病”，等等。老师接着和大家分析，不安静其实是内心空虚和无聊所致，此时应该看看书，用耳机听听美妙的音乐，或者是静静地听听别人的讲话，思考其中自己不解的事情，使自己逐渐成为内心世界丰富而外在言行举止稳重的新时代学生。

#### 3. 集体学习与行为训练

同学们可根据以上学习，集体谈谈对稳重的看法与切身体会。然后，大家一起想象在各种场合（如在各种仪式上、在教室、在操场、在地铁站、在飞机场、在餐厅时）应该怎样做才稳重，体验和练习正确的举止和合适的说话音量（像礼仪训练那样进行练习），使大家通过集体学习和体验性学习知晓和理解“稳重”的意涵和表现。

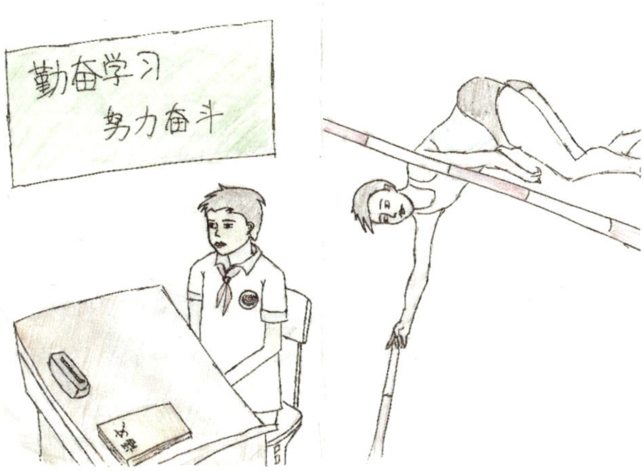


静处子，动脱兔
（作者：冯安娜、冯安妮；指导教师：王芳）

#### 4. 日常巩固与习惯养成

当同学们都已经对“静处子，身稳重，动脱兔，行如风”的道理知晓后，下面的任务就是要使同学们稳重的仪态和举止能巩固下来并逐渐养成习惯。要鼓励大家在这方面互相学习、互相帮助，当看到同学出现不稳重的行为时要及时提醒，当做得不好而得到同学的提醒和劝诫时，要虚心接受并立即改正。

## 七、走如燕，脚正前，不晃髋，不垂肩

### 道德意涵解说

在行走的过程中也有行走的礼节。古代常行“趋礼”，即低头弯腰，以小步快走的方式对尊者表示礼敬，这就是“趋礼”常用于臣子对君主，学生对老师，晚辈对长辈时。行走礼仪中，还有“行不中道，立不中门”的原则，即走路不能走在路中间，应该靠边行走；站立时不可站在门中间。

走姿是站姿的延续，是身体在站姿基础上的动态表现。在日常生活中，走路也是最引人注目的身体语言，也能充分表现一个人的风度和活力。正确的走路姿势既能表现出对尊者的礼敬、展现出自身的教养，也可以显示自己的身体能力，还可以礼避行人、保障行路安全。“走如燕”是形容走路的速度和形态应轻盈、矫健、敏捷，就像燕子一样。“脚正前，不晃髋，不垂肩”是指走路时的身体姿势不要外八字，那样会显得很笨拙、很难看；走路不要乱晃，那样会显得很不正经，甚至有点匪气；不要耷拉着肩膀，那样会显得很颓废，没有朝气。正确的走路姿势是：头要抬起，目光平视前方；双臂自然下垂，手掌心向内，手臂以肩为轴前后适度摆动，手臂与身体的夹角在 10 ~ 15 度左右；上身挺拔，挺胸收腹、立腰，肩膀不端不懈；腿部伸直前迈，脚步要轻且富有弹性，步伐有节奏感，步幅与腿的长度相适宜。

### （一）榜样故事

2008 年北京奥运会，除了矫健的运动员，还有一个群体为这场体育盛会增添了许多亮色，他们就是青春洋溢的奥运会志愿者。但是在他们灿烂笑容的背后，却是饱含汗水与泪水的辛勤付出。在进行体态训练时，奥运会志愿者的培训内容和空姐的培训内容大致相同，包括站姿、行走、步速、转身、微笑等多种练习。为了在颁奖时身姿更挺拔、步速更到位、转身更整齐、笑容更自然，志愿者们要把每个动作都进行分解，练习成百上千次。志愿者们的付出没有白费，

他们在奥运会比赛现场向全世界展现了中华风采。

## （二）主要错误

### 1. 走路摇晃

走路时左右晃动过大，伴随有身体的扭动和髋关节的摇摆，显得不稳重和少许张狂。

走路摇晃
（作者：丁彤；指导教师：刘平）

### 2. 外八字走

两脚外撇，髋关节略向前顶，动作略显笨拙。

### 3. 蹚着走路

走路时双脚抬得过低，很像穿着拖鞋走路，既影响走路速度，也很不美观。有些同学经常不把鞋后帮提上，踩着鞋后帮走路，也会出现蹚着走的情况。

### 4. 慢吞吞地走路

走路节奏过慢，有时伴随有外八字走或垂肩。这样会显得人很松垮和散漫，有时也会影响其他路人正常行走。

### 5. 边打闹边走路

这种情况经常出现在同学们上学、放学时。在路上遇到几个要好的同学，于是大家就边嬉笑打闹边走路。这种旁若无人式的走路，特别影响其他路人，应该时时注意，努力避免。

### 6. “低头族”

现在的“低头族”主要是因为走路时看手机，但也有些同学不看手机走路时也不抬头。低头走路既不美观，也不安全。

蹚着走路
（作者：张怡佳；指导教师：刘平）

低头族
（作者：刘晰若；指导教师：刘平）

## （三）学习与培养训练

### 1. 道理讲解与认知学习

老师给同学们讲解“行如风”的道理，举例说明错误的走姿会破坏自我形象、打扰别人以及对自己和周围人的安全带来不利影响。要告诉同学们，保持良好的走路姿势和合理的行走速度并不是件小事，它既是中华儿女应该具有的良好外部动作形象，更是形成良好社会秩序和保障公共安全的重要因素。

### 2. 情景再现与纠错学习

老师可让同学们展示自己以及其他路人的各种行走姿态，大家互相研讨，同时指出其中的错误，并共同认识正确的走姿。老师还要引导同学们分析为什么、在什么时候容易出现错误的走姿，如“累了，就想舒服点”“认为走路就是自己的事，大路朝天各走一边嘛”“没想到走路也很重要，也是教养”“一直觉得晃着走挺神气的”“没注意外八字的问题，看了示范才觉得很丑”“大家一聊天就忘了，心里还是缺乏对他人的考虑”，等等。老师要和同学们分享“走路的文明”，从“走出文明、走出精神、走出气质”等方面来深刻认识正确的走姿的重要性。

### 3. 集体学习与行为训练

组织同学们根据以上学习，深入谈谈对“行如风”所折射出的问题和自己的经验与体会。然后，在老师或者班长的带领下想象着各种走路的场合，如在学校、在路上、在商场、在楼梯、在野外、在正式的各种仪式上走路的情景，练习与各种场合相适合的走姿和走速。

### 4. 日常巩固与习惯养成

当同学们对“走如燕，脚正前，不晃髋，不垂肩”的道理和正确行为都已经知晓后，要帮助同学们将各种正确的走姿巩固下来，逐渐养成良好的走路习惯。还要鼓励同学们在走姿方面互相学习、互相帮助，当看到同学们走姿不好时，大家要及时进行提醒和纠正，被提醒和被纠正的同学要虚心接受意见并及时改正。

正确的走路姿势
（作者：荆晨；指导教师：王芳）

# 八、跑似箭，不前探，忌横摆，跑直线

## 道德意涵解说

跑步是人类最常做的动作之一。在远古时代，人类只有跑得快、跑得久，才能获得更多的猎物，并能有效地保护自身安全，因此，跑对人类的发展与生存具有重要意义。在当今社会，跑仍是人们不可或缺的自然能力和社会能力。

正确的跑步动作，会有一种矫健的美感，让人感到很美，充满活力；而不正确的跑步动作，不但会严重影响跑速，而且表现出来的美感也会大大下降。“跑似箭，不前探，忌横摆，跑直线”是正确跑步的基本特征。“跑似箭”是指起动要快，要有较好的加速；“不前探”是指身体基本正直，上身微微前倾（前倾过度会影响大腿前摆，降低速度，姿势不美，且容易向前摔倒）；“忌横摆”是指摆臂时手臂要前后摆，不要左右摆（左右摆臂会使得身体左右摇晃，既影响速度，也影响稳定性，更影响跑姿的美观）；“跑直线”是指跑的轨迹要形成一条直线，外八字跑、罗圈腿跑、晃着跑、颠着跑、左右腿步幅不一地跑都会影响跑步的直线轨迹。请记住正确的跑姿并努力练习：头部正对前方，上身挺直微微前倾，不要后仰，两眼注视前方；肩部放松，避免含胸；摆臂应是以肩为轴的前后运动，摆臂的左右幅度不超过身体正中线，手指、手腕与手臂都要适度放松，肘关节角度约为90度；大腿前摆，带动小腿，落地有刨地似的动作，落地要轻，后腿蹬直。



## （一）榜样故事

1986 年，尤塞恩·博尔特出生在牙买加西北部的一个小镇上。他从小就表现出短跑的天分，但成功的路上并不是一帆风顺。2001 年，博尔特第一次参加世界青年田径锦标赛 200 米跑，在半决赛就被淘汰了。他的身高达到了 1.96 米，当时的人们认为太高的身材会影响步频，起跑的时候也吃亏，所以这不是一个顶尖短跑运动员的最佳身高。博尔特偏不信，在教练的指导下，开始了艰苦的训练。

教练指出了他最明显的毛病：跑步时总是大跨步跑，上身摇摆，膝盖抬得太高。针对这些问题，博尔特开始了艰苦的训练。他刻苦训练核心力量，在泳池里训练对抗水的力量跑步。同时，他专门练习爆发式起跑技术，把起跑的速度大幅度提高。

功夫不负有心人，博尔特在 2008、2012、2016 年连续三届奥运会上都夺得男子 100 米、200 米和 4 × 100 米冠军，在连续三届世锦赛上夺得 8 枚金牌，并且大幅度提高了男子 100 米、200 米和 4 × 100 米三个项目的世界纪录，成为世界上最出色的短跑运动员之一。

## （二）主要错误

### 1. 仰着跑

身体后仰、重心偏后的不良跑姿。

### 2. “坐着跑”

身体后倾、髋部弯曲、重心下沉的不良跑姿。

### 3. 摆着跑

两臂在身体前方横向摆动、带动身体左右摇晃的不良跑姿。

### 4. 晃着跑

上肢左右晃动较大的不良跑姿。

### 5. 罗圈腿跑

含胸驼背的不良跑姿。

### 6. 端着跑

耸肩、上肢紧张、两臂摆臂不充分的不良跑姿。

### 7. 跺着跑

全脚掌重重地落地、略有垂直性下跺动作的不良跑姿。

### 8. 探着跑

身体过度前倾、脖子前伸、手臂在后方摆动的不良跑姿。

### 9. 蹚着跑

抬腿不高、小腿向前蹚着跑的不良跑姿。

### 10. 外八字跑

两脚呈外八字的不良跑姿。

仰着跑、“坐着跑”
（作者：刘晰若；指导教师：刘平）

摆着跑、晃着跑
（作者：聂诗芸；指导教师：刘平）

罗圈腿跑、端着跑
（作者：聂诗芸；指导教师：刘平）

## （三）学习与培养训练

### 1. 道理讲解与认知学习

老师要给同学们讲解跑的意义和跑的能力的重要性，还要讲解跑的学问和跑姿的社会意义，举例说明一个人跑的能力不强和跑姿难看带来的不良影响。讲清发展跑的能力是一个人幸福生活的基础，也是反映一个人的精神状态和教养的重要方面。新时代的青少年要努力发展自己走、跑、跳、投的身体基本活动能力，更要在跑的时候体现出良好的精神面貌，将能力和外表完美地统一起来。

正确的跑姿

（作者：何墨浓；指导教师：张振利）

### 2. 情景再现与纠错学习

老师让几个同学做出他们习惯的跑姿，让其他同学观察并指出发现的缺点，老师可展示正确的跑步动作。进行观察和学习后，老师还要帮助同学们分析错误跑姿背后的原因，并提出改进的方法，帮助学生规范自己的跑姿。

### 3. 集体学习与行为训练

同学们根据对以上跑姿的学习，谈谈对“各种场合下的跑姿”的认识和体会。大家可以想象着各种场合的跑，如在操场上跑、在排球场上跑、在网球场上跑、在人行道上跑、着火时跑、地震时跑，等等。随后练习一下正确的跑姿和合适的跑速。

### 4. 日常巩固与习惯养成

当同学们知晓“跑似箭，不前探，忌横摆，跑直线”的道理和正确的跑姿后，老师就要注意帮助同学们巩固正确跑姿。要鼓励大家在此方面互相学习、互相帮助，当看到同学不良跑姿时要善意提醒，被提醒的同学要虚心接受并及时改正。

## （四）拓展阅读

新加坡前内阁资政李光耀，不论身处何处，每天都坚持长跑 20 分钟。他年过古稀仍然头脑清醒、精神饱满、腿脚利落。李光耀说：“我每天如果不做运动，便会感到懒散。我发现跑步能开胃，也睡得更好。”李光耀除了跑步外，还喜欢游泳和骑自行车。据说他曾是个胖子，喜欢吃炸鸡翅，喝啤酒和葡萄酒。晚年身体好，都是他后来努力进行体育锻炼的结果。李光耀特别倡导从事跑步等体育运动，他认为，居住在城市里的人必须注意时常锻炼身体，而跑步是最简单也最有效的方法。

# 九、转身前，回头看，不急转，雅身段

**道德意涵解说**

我们都知道“忙中出错”这个短语。所谓“忙”应该有两层意思，一是“身忙”，二是“心忙”。经过排列组合，我们可以看到四种表现：一是“身心都不忙”，二是“身忙心不忙”，三是“心忙身不忙”，四是“身心俱忙”。前两种人，心是平静的；后两种人心是忙乱而不平静的。后两种人很容易在心慌意乱中做错事，就是所谓的“忙中出错”。“心忙”的人做事忙手忙脚，忙乱转身、忙乱走路、忙乱拿放东西、忙乱传递东西，其结果往往是忙中出错。慌慌忙忙的动作更容易伤害到自己或别人。

在《弟子规》中，有“宽转弯，勿触棱”的说法，《体育弟子规》的含义与其基本相同。为什么《弟子规》和《体育弟子规》都要拿一个看似很简单的转身动作来说事呢？其实，“转身前，回头看，不急转，雅身段”是要告诉大家，就是从一个简单的转身，都能看出一个人的教养和态度。有的人行事匆匆忙忙，甚至是不管不顾，突然想起什么事忘了，快速转身想往回返，没想到后面站着一个颤颤巍巍的老人，或者站着个妇女抱着一个娇小的婴儿，或者站着个人手里端着一锅滚烫的汤……哪个结果都不堪想象，一切恶果都仅仅来自不管不顾地急转身。因此，转身前先回头看，再慢慢地转身，那就是儒雅，那就是素养，那就是关心，那就是安全。不单是转身时，还有拐弯时、抬手时、起身时、蹲下时，也就是做任何动作时，动作都要慢，都要心中有他人。

## （一）榜样故事

说到中国篮球第一人，几乎所有人都会异口同声地说到一个名字——姚明。

姚明，1980 年 9 月出生，9 岁时进入青少年业余体校开始进行篮球训练，之后进入上海男子篮球队，开始职业篮球生涯。2002 年，姚明被美国男子职业篮球联赛（NBA）的休斯顿火箭队选中，成为其历史上第一位外籍选秀“状元”。

姚明很快就适应了 NBA 的比赛，开始了他的精彩演出。在对阵步行者队的一场比赛中，他在左侧底线接到队友传球，一个转身晃过了第一个防守球员，来到了篮下，看到对手补防的球员准备防守，姚明机智地做了一个上篮假动作，然后一个后转身回到了左侧，这时第一个被晃过的防守球员已经过来，姚明又是一个优雅的前转身，再次来到右侧，在防守队员扑上来之前轻松反手上篮得分。这一系列脚步变换被称为“梦幻脚步”，充分体现了姚明对对手的防守动作观察细致并有准确的预判，最终用最合理的动作完成得分。姚明在 NBA 连续 6 年进入全明星阵容，并在退役之后入选 NBA 篮球名人堂。他也成为中国篮球的一面旗帜。

## （二）主要错误

### 1. 转身、俯身、起身动作过快

转身时速度过快，这是一个动作习惯问题。快速做动作不是错，而在转身、俯身、起身时要适当减速。

### 2. 转身、俯身、起身时缺乏必要观察

做转身等动作前一定要注意观察周围的情况，特别是在人多或狭小的空间里，否则会带来麻烦和危险。

转身过快
（作者：张怡佳；指导教师：刘平）

### 3. 转身、俯身、起身时幅度过大

在人多或狭小的空间里做动作还要注意动作幅度问题，因为即便是观察了，动作慢了，但动作幅度没有控制好，依然会有许多的危险。

转身时不观察
（作者：丁彤；指导教师：刘平）

转身时幅度太大
（作者：宋一诺；指导教师：刘平）

## （三）学习与培养训练

### 1. 道理讲解与认知学习

老师要给同学们讲解“急转身”的安全隐患和社会学意义，讲解“雅身段”的安全意义和

其中的文明内涵，举例说明一个人在公共场合谨言慎行的重要意义，也要用生动的实例讲解莽撞带来的各种危害。讲清文雅的举止不是“装样子”，而是安全和谐生活的需要，教育同学们要成为与新时代同行的文明少年。

### 2. 情景再现与纠错学习

老师让某个同学做出习惯性的转身动作，让其他同学观察并指出发现的问题。老师可展示出正确的转身、俯身和起身的动作。进行观察和学习后，老师还要帮助同学们分析错误动作背后的心理和身体原因。老师最后要提出改进的要领，以帮助同学们规范自己的动作。

### 3. 集体学习与行为训练

同学们根据以上对“转身”等体态变化动作的新理解和学习体会，坐在一起谈谈对“各种场合下的转身、俯身和起身动作可能遇到的危险和对别人的打扰”的认识和体会。同学们可以想象各种场合的转身动作，如在操场上的转身、篮球场上的转身以及日常生活中的转身（如楼道里的转身、电梯里的转身、食堂里的转身、火车上的转身、站台上的转身、排队时的转身、在水边的转身、在山上的转身等），一起练习正确的转身动作及合适的速度，然后再练习起身、俯身等动作。

情景学习：在转身之前，先要用余光初步观察侧面和身后的情况，判断没有他人或障碍时再行转身。转身切勿匆忙莽撞，要保持稳重的行为和安全的意识。

行为训练：老师可以上一节室内课，如课堂教学中有突发或临时生成的问题时，直接就可以继续教育同学们，讲解转身之前先回头观察身后情况的重要性。也可以上室外课，教育同学们在操场上经过跑道时要先左右观察，不随意横穿跑道，避免危险的发生。

### 4. 日常巩固与习惯养成

当同学们对“转身前，回头看，不急转，雅身段”的道理和正确的动作要领有了深入理解之后，就要注意帮助同学们巩固正确的身体动作并逐渐养成习惯。因此老师要注意适当的复习和再次提醒，还要鼓励同学们在此方面进行日常互相学习和互相提醒，鼓励同学们看到其他同学的不良身体动作时要进行善意的提醒，被提醒的同学要虚心接受并及时改正。

正确地转身
（作者：贾卓；指导教师：张振利）

# 第三篇 体育课中的正确行为

# 十、听口令，跑步行，想集体，事必成

**道德意涵解说**

队列、队形是中小学体育教学的基本内容，它具有帮助学生养成正确的习惯、培养学生自信坚毅的个性等重要作用，对全面发展学生的体能具有良好的锻炼效果。合理运用队列、队形练习可以帮助学生集中注意力，加强组织性、纪律性，为课堂的全过程做好思想和身体方面的准备，为有秩序地上好课创造条件。在课堂中合理、多样化地运用各种队列、队形，对加强课堂纪律、活跃课堂气氛、调动学生练习的积极性、提高教学效果都会起到很大的作用。

令行禁止是作为一个集体里的人都要无条件做到的事情，因为“令”是一个指挥者带领大家去实施共同的约定和共同的目标，是集体里所有的人都必须去执行的指令。在体育活动中，有各种各样的“令”：做操的口令、起跑的发令、集合的指令、小组长的指令等。这些“令”都是体育课中必须要遵守的。如果没有对这些指令的遵守，体育课就没有了秩序，没有了效率，没有了安全。“听口令，跑步行”是说，听到老师发出“集合！”“一组到东边篮球场练习”“小李，去帮助小王做记录”等指令后，同学们要迅速行动起来，切不可拖拖拉拉、磨磨蹭蹭。“想集体，事必成”是告诉我们，服从命令听指挥是重要的集体行为规范，没有服从命令听指挥，就没有高昂的集体精神，就没有高效的集体行动，就没有集体的纪律和约束，就没有集体目标的达成，当然也就不可能有集体的事业成功。因此，如果一个人要想为集体做出贡献，那么就要先从服从命令听指挥做起。

## （一）榜样故事

大渡河自北向南，浪大水急，两岸崇山峻岭，谷壁陡峭。泸定桥又称大渡桥，位于四川省泸定县境内，由13根铁索和铁索上铺就的木板组成，是大渡河上建造最早、最长的一座桥梁。在红军长征期间发生的飞夺泸定桥的战斗，至今仍是我军战史上的经典战例之一。

1935年5月25日，红军在安顺场强渡大渡河后，国民党的追兵紧追不舍，形势十分严峻。泸定桥是当时通往泸定城的唯一渡河通道，国民党军有两个团在泸定桥把守。5月28日，红四团接到红一军团“于明天夺取泸定桥”的命令。当时红四团距离泸定桥还有120千米的山路，他们需要跟时间赛跑，还要跟敌军的增援部队赛跑，面对如此艰巨的任务，子弟兵们并没有退缩，而是迎难而上，突破过去五团夺鸭溪一天跑80千米的急行军纪录。5月29日晨，红四团出其不意地出现在泸定桥西岸，经过激烈的战斗，顺利击溃了敌军，夺取了泸定桥，为红军的转移赢得了时间。

## （二）主要错误

### 1. 有令不行

当听到老师以及班干部的各种指令和指导时，不能够立即行动，有时心里还有抵触情绪，影响集体活动的一致性，耽误集体的时间，严重的时候还会影响集体的氛围和风气。

有令不行
（作者：宋一诺；指导教师：刘平）

### 2. 有禁不止

面对集体的纪律和规定，不能做到令行禁止，经常做集体不允许和不提倡的事情。这样的行为经常会起到“坏榜样”的作用，也会给集体的风气带来负面影响。

### 3. 应答缓慢，行动迟缓

虽然没有违反纪律和指令，但是在回答问题时，或执行指令时动作缓慢，行动拖沓。这种行为会影响集体行动的良好节奏，耽误集体的时间。

有禁不止
（作者：张若宸；指导教师：刘平）

应答缓慢，行动迟缓
（作者：宿佳琪；指导教师：刘平）

## （三）学习与培养训练

### 1. 道理讲解与认知学习

老师要给同学们讲解服从集体是每一个社会人都必须要做到的事情，举例说明每个人的一生会加入许多集体，如自己的家、村庄、城市、祖国，集体与自己如影随形，因此每个人都应有自己与集体共同拥有的目标，有集体荣誉感，完成自己应尽的职责，遵守集体的纪律，积极参加集体的活动。新时代的中小学生都应该服从集体、热爱集体，使自己成为同学喜爱的好伙伴，成为一个遵循公序良俗的好公民，而每天的集体行为就是成为好公民必经的成长过程。

### 2. 情景再现与纠错学习

老师让同学们回忆和反省自己过去在集体行为中有没有过前面所说的行为缺点，同时认真分析过去出现这些错误行为背后的思想根源，如“不就慢点吗，几秒钟的事”“我觉得那个规定不对，自己觉得不对就不要执行嘛”“我有我自己的规则和生活节奏，为什么要令行禁止”，等等。老师要和大家仔细分析，其实这背后还是对个人与集体关系的认识不正确。应该加强对集体适应、对社会适应等问题的认识，不断提升自己的集体主义精神和集体性的行为。

### 3. 集体学习与行为训练

同学们根据以上的学习谈谈对“集体与个人”“集体性与社会性”等问题的认识和体会。然后，大家在老师或班长的组织下，想象着各种集体场合，如在教室里的集体、在操场上的集体、在野外活动中的集体等场景，说说好的行为和不好的行为，进行一些体验性学习。也可以在教室里或操场上进行心理拓展训练游戏，或者进行行为的训练，听老师和班长的口令做各种集体活动，如队列练习、叠罗汉、集体游戏和全员运动会等项目。老师可以在跑步的过程中，要求每个同学要关注整个集体的速度、排面的整齐度等，体会心有集体就能成功的感受。

### 4. 日常巩固与习惯养成

当同学们都已经对“听口令，跑步行，想集体，事必成”的道理和良好行为举止有了认识之后，更重要的工作就是帮助同学们将良好的集体行为巩固下来，并逐渐养成习惯。老师要鼓励大家日常要互相学习、互相帮助，当看到同学在集体活动中出现不良的行为时要及时进行善意的提醒，被提醒的同学要虚心接受并及时改正，鼓励大家一起努力，使自己的班集体成为一个团结向上的好集体。

# 十一、练队列，步调齐，喊口令，士气冲

**道德意涵解说**

队列不是简单地排排队，它是集体行动的技能，也是集体精神锻炼的过程。因此，在中小学的体育课里都有队列练习的内容，在中小学生的军训课里队列更是训练的主要内容，可见队列是对学生重要的教育内容。队列训练看似动作简单，技能性不强，但要练好队列，实际上难度也很大，而且在高标准和严要求下，队列练习也是需要付出很大努力的，因此，队列练习还能培养学生不怕苦、不怕累的精神。“练队列，步调齐，喊口号，士气冲”是说：雄壮的口令，整齐的步伐是队列的要求，也是我们未来社会生活的要求，我们只有能够和未来的集体步调一致，团结一心，整齐划一，才会战胜困难，进而取得成功。

## （一）榜样故事

2019 年是中华人民共和国成立 70 周年。2019 年 10 月 1 日国庆日当天，国家在天安门广场举行了盛大的阅兵式，各种新式武器装备的亮相，体现出我国强大的国力，而雄赳赳气昂昂的中国人民解放军踢着正步走在天安门广场上时，那整齐划一的动作，雄浑嘹亮的口号，雄健坚定的步伐，排山倒海的气势，令人血脉偾张，无比震撼，彰显出了我军的军威和风采。

正步是队列的礼仪步伐，练习走队列是世界上公认的提高纪律观念的最简单高效的方法，练习走队列并不只是为了好看，更是为了培养每个人的服从意识和组织纪律观念。这个方法不仅仅是针对军人，对所有人来说都是有效的。要达到整个队伍整齐划一、步调一致的效果，不仅需要摆臂时有力，统一高度，还需要所有人时刻保持上身的正姿状态，整齐一致的队列背后凝聚的是团队精神和集体荣誉感，是每个人对集体的认同感，是革命军队不断传承的光荣传统。

## （二）主要错误

### 1. 对做队列练习的意义认识不足

有的同学认为队列练习是一种无意义的训练，妨碍个体的自由，不符合个性发展理念；有的认为队列训练枯燥无趣而且艰苦，有时还要遭受风吹日晒。他们没有认识到队列训练是一种集体行动锻炼，是各个国家都提倡的有意义的锻炼。

对做队列练习的意义认识不足
（作者：李熙雷；指导教师：刘平）

### 2. 在队列中身体乱晃

有的同学在队列练习中总是身体摇晃站不稳，原因之一是习惯问题，缺乏静止性的锻炼；原因之二是身体素质较差，缺乏站立性的身体锻炼，时间一长就站不稳。

### 3. 在队列中东张西望

有的同学在队列练习中总是东张西望，原因是缺乏静止性的锻炼，心静不下来，身体也就静不下来。

在队列中东张西望
（作者：刘峙汎；指导教师：刘平）

### 4. 在队列中动作不协调、节奏感差

有的同学在队列中总是做错动作或者做动作过早、过慢，或者跟不上集体的节奏。这主要是因为缺乏节奏感的训练或存在感觉统合问题，需要进行专门性的训练和矫正。还有一种可能是不专心，需要端正态度认真参与队列练习。

喊口令无力
（作者：张宇鑫；指导教师：刘平）

### 5. 呼喊口令无力

在队列中，经常会有呼喊口令的行为，这是一种提振士气，调整集体行动节奏不可缺少的集体行为。有些同学认识不到这一点，认为喊口令没有什么意义，因此敷衍了事。

## （三）学习与培养训练

### 1. 道理讲解与认知学习

老师要给同学们讲解“队列”的意义，举例说明队列训练对人的姿态培养、集体行动能力培养、节奏感发展以及集体意识形成方面的重要意义。告诉同学们中华民族是一个重视集体、重视集体行动的民族。可以给同学们播放解放军的队列视频，启发同学们认识到小小的队列也能体现一个人的素质和素养，要予以重视并在队列练习中认真锻炼。

### 2. 情景再现与纠错学习

老师让同学们回忆和反省自己过去在队列中是否有过前面所说的行为缺点，同时分析出现这些错误行为背后的思想根源，如“没觉得队列很重要，所以很烦”“喊口号不缺我一个”“觉得队列无聊所以静不下来”“我老做错，就紧张，越紧张就越错”，等等。老师要和同学们一起分析，其实这些错误背后还是对集体行为和集体行动缺乏深刻的认识，这是一种带有个人主义倾向的问题，应该加强对集体行为重要性的认识，不断提升自己的集体主义精神和参与集体行动的能力。

### 3. 集体学习与行为训练

同学们根据以上的学习谈谈对“队列的意义”“军队为什么要练队列”“青少年为什么要练队列”“我们应该如何对待队列”等问题的认识和体会。然后，大家在老师或班长的组织下，想象着各种队列场合，如课间操的队列、外出参观的队列、地震演习的队列等，说说这些队列的不同，指出在各种队列中存在的好的行为和不好的行为，并进行一些体验性学习，例如可以在教室里和在操场上进行一些有趣的队列练习。

### 4. 日常巩固与习惯养成

当同学们都已经对“练队列，步调齐，喊口令，士气冲”的道理和良好行为举止有了认识之后，更重要的工作就是帮助同学们将良好的队列精神巩固下来，并逐渐养成更好的队列习惯。老师要鼓励大家在队列练习方面互相学习、互相帮助，当看到有同学在队列活动中出现不良行为时要及时进行善意的提醒，被提醒的同学要虚心接受并及时改正。老师要鼓励大家一起努力练好队列，使本班的队列整齐划一，精神抖擞，成为学校最整齐的队列队伍。

整齐划一的队列
（作者：李熙雷；指导教师：刘平）

# 十二、逢讲解，细聆听，深领会，记心中

## 道德意涵解说

人的一生是一个不断学习和领悟的过程，其中最主要的一个学习途径是聆听。听觉是人最灵敏的一个功能。比如在一个明亮的环境里，我们的眼睛能够看到发生的情况，我们的耳朵也能听到发出的声音；但是在一个黑暗的环境里，我们的眼睛看不到的时候，我们的耳朵同样能够听到身边发生的异常情况。学会聆听是我们每一个人应当具备的能力，也是我们每一个人应当具备的人际交往的素养。我们听来的信息有正确的，也有不正确的。“道听途说”和“听君一席话，胜读十年书”就包含着贬义、褒义的两种态度，错误、正确的两种含义。所以我们听来的信息，还要经过自己深入的思考和领悟，才能成为引领我们行动的指南。这是“深领会，记心中”告诉我们的更深一层的含义。

学校是学知识、明道理的场所，每天同学们都会听到许多关于各种知识和道理的讲解，在体育课中也是如此。体育的道理千千万，体育的知识万万千，学好了我们就可以在未来的生活中长久地保持健康、科学地锻炼身体、理性地观赏竞技比赛、亲密地接触自然、友好地对待同伴、幸福地享受生活。体育的知识和原理，与其他学科的知识有些不同，体育的知识有的需要意会，有的需要言传，有的需要眼见，有的需要体验，有的需要理解，有的需要操作。因此，在学习体育知识时更需要仔细聆听、深刻领会和记在心里。“细聆听”是指要把握要点地听，不要泛泛地听，不要按自己的兴趣听；“深领会”就是要努力做到带着问题去听、边思考边听；“记心中”是指要在听懂的基础上，把要领、口诀记住，最好是边练边记，以便日后很好地运用。

## （一）榜样故事

关于认真听讲，孟子曾讲过一个故事：古代有个叫弈秋的人，是当时全国最擅长下棋的棋手。后来有两人跟随弈秋学习下棋，其中一人十分认真，只听弈秋的教诲；另一人虽然也在听弈秋的教导，却一心认为大雁很快就要到了，想要用弓箭将它射下来。这两个人虽然一起学习下棋，但后者的棋艺明显不如前者。后来孟子在讲述这个故事的时候发出了感慨，难道是因为后者的智力不如前者吗？答案是否定的，只是因为前者能够专心致志听讲。

## （二）主要错误

不认真听讲
（作者：徐梓峻；指导教师：刘平）

只听不思考
（作者：王雨芊；指导教师：刘平）

只听不记
（作者：王宏博；指导教师：刘平）

### 1. 不认真听讲

一些同学在老师讲解时，不注意听讲，或东张西望，或和同学窃窃私语。这种行为既不尊重老师，也干扰其他同学听课。

### 2. 听个大概，似是而非

有些同学听讲解时并不听全听细，觉得自己听懂了就不认真听讲了。这种听讲似是而非，有时会听错，是很不好的习惯。

### 3. 只听不思考

有些同学听讲时缺乏思考或想得很浅，特别是在体育学习中，既需要形象的理解，也需要抽象的思考，如果对老师的讲解缺乏深入的理解，会对后面的体育学习有负面影响。

### 4. 只听不记，学完就忘

有些同学听讲解时是只听不记，但是体育学习中有些内容是需要记忆的，如动作的口诀，记住了有利于对今后的动作的掌握，记不住则往往事倍功半。

## （三）学习与培养训练

### 1. 道理讲解与认知学习

老师要给同学们讲解为什么在体育学习中要认真听讲，举例说明因为不认真听讲、不积极思考最终导致动作错误而一直影响某项运动技能掌握的现实情况。要告诉同学们认真听讲并不是一件小事，动脑筋想问题更是决定人生成败的重要行为，希望大家一定要注意这件看起来不大但非常重要的学习行为，做一个乐学善学的好学生。

### 2. 情景再现与纠错学习

老师让同学们回忆和反省自己过去在上课听讲时有没有前面所说的那些缺点，也仔细想一想出现这样的错误背后的思想根源是什么。老师要和同学们分析，其实这些错误背后还是不好的学习习惯问题。同学们要坚决改正，否则以后的学习会受到很大的影响。

### 3. 集体学习与行为训练

同学们根据以上的学习讨论一下“认真听讲与不认真听讲的区别”“我们为什么会出现不认真不细致听讲的情况？原因是什么？能否克服？如何克服？”“带着问题并思考着听讲和不思考的听讲的区别”“我们怎样思考着听讲呢？思考什么呢？”“努力记忆着听讲和听完就忘的听讲的区别”“我们应该怎样记住那些重要的知识点呢？”“记忆有没有什么诀窍？”等等。同学们可在老师或班长的组织下，想象着各种听讲的场合，如看老师示范时的听讲，做练习时听老师讲解要领，比赛中间听老师讲解战术应用，说说那些因讲解方式的不同而不同的听讲要领，然后各自回忆和检讨自己的听讲习惯，进行一些同学间的经验交流。

### 4. 日常巩固与习惯养成

当同学们都已经对“逢讲解，细聆听，深领会，记心中”的道理和良好行为举止有了正确认识之后，就要帮助同学们将良好的听讲习惯巩固下来。听讲的好习惯主要体现在抓住重点、认真听讲和边听边想、边听边记两个方面。老师要根据自己的体会鼓励大家逐渐改正自己在听讲方面的不良习惯，学习集中注意力的方法和窍门，并鼓励大家把自己在集中注意力、抓重点、快速并长期记忆的方法和窍门分享给其他同学，还要鼓励大家随时提醒和纠正同学的不良听讲行为，同时还要求大家把认真听讲上升到尊重他人、尊重师长的高度去对待，使本班的同学们都能成为学习认真、安静听讲、努力思考、博闻强识的好学生。

认真听讲
（作者：王宏博；指导教师：刘平）

# 十三、看示范，悟要领，记环节，步骤清



## 道德意涵解说

体育中每一个技术动作都是环环相扣的，是经过一点一滴的分步学习和千百次的锤炼得来的。就如同艺术家的作品、科学家的研究成果一样，掌握运动技能是一个慢慢积累的过程，绝不是一蹴而就的。

体育课是以动作学习和运动技能掌握为主的特殊性课堂，是一个有很多技术和战术示范的课堂。看示范也是同学们感知运动技术、理解运动战术的主要途径，因此在体育学习中要注意看示范。“看示范，悟要领”，是说同学们在看示范时，不但要仔细看，认真观察，还要边想边看、边看边想，不能只是看热闹、看新鲜；“记环节，步骤清”是指看示范是为了更好地学习技战术，一般体育老师在讲解时，都会边示范边讲解重点环节，有时还给大家归纳成歌谣口诀，这是同学们要重点记住的。因为只有看清了、理解了、记住了，我们才能把握运动技术和战术的要领，才有可能很好地掌握运动技能。

## （一）警示案例

在英国，为了培养学生们的观察力，一位医学院的教授带着学生们来到了实验室，他指着一个装满不明液体的烧杯对学生们说：“同学们，当好一个科学家，最重要的就是胆大心细。”说完，教授把一根手指头伸进不明液体中蘸了一下，然后取出来，放在口中尝了一尝。然后，教授把烧杯递到学生们面前，让每个人照做一遍。学生们见教授带了头，都争先恐后地尝了起来，结果有的皱着眉头，有的直接哭着吐出来，各种各样的表现都有。这时候，教授对学生们说：“同学们，你们是勇敢有余，观察不足，你们都没有注意到，我伸进去的是食指，放进口中的是中指啊。”

## （二）主要错误

### 1. 不会看示范，只注意细节

有些同学只看动作示范的细节，也就是吸引自己的地方，如老师跳远助跑的起动动作（其实应该观察助跑的整体节奏和最后的起跳动作）。这种看示范是典型的“见木不见林”。

### 2. 不认真看示范，只看热闹

有些同学看示范时不注意应该学习的内容，而是看热闹，看的内容是与老师示范内容本身没有什么关系的地方，如老师戴的手套、穿的鞋，等等。这种看示范是无用并有害的观察。

### 3. 不认真领会动作要领

一般示范时，老师都会提示动作的要领，而同学们应该根据老师的提示仔细观察动作的要领和重要的技术环节。但很多同学缺乏有重点的观察，结果看了个大概，忽略了重点。

### 4. 不按动作要领做练习

有的同学由于观察不细、要领不清，结果做动作时不能按照正确的动作要领和环节去做，导致动作掌握很差。

### 5. 发生错误动作，甚至出现危险

观察不细，要领不明还经常会导致出现各种运动安全问题，使自己和其他同学受伤。

不认真看示范，只看热闹
（作者：张洪瑄；指导教师：刘平）

不认真领会动作要领
（作者：陈依涵；指导教师：刘平）

不按动作要领做练习
（作者：李琪；指导教师：刘平）

## （三）学习与培养训练

### 1. 道理讲解与认知学习

老师要给同学们讲解学习中一定要善于观察的道理，举例说明“见林还要见木，见木更要见林”的道理，讲解细致并有重点的观察是学习的第一步，是学习的基础，也是思考的引线。要成为一个好学生、要学好运动技能，就要从善于观察事物、善于发现问题、善于从感性到理性地去认识问题开始。善于观察是一个学生能力和素质的表现形式之一，大家一定要予以重视。

### 2. 情景再现与纠错学习

老师让几个同学回忆自己观察的方法，让其他同学一起分析，指出其中的优点和缺点，分析出现错误的思想根源，如“没觉得动作很难，就没认真听”“总是看那些新颖、有趣的

东西，忘了学习”“没想到运动技术的要领那么重要，原本觉得模仿模仿就行了”，等等。老师接着要和大家一起分析，不善于观察实际上是学习习惯的重大缺陷，讲解很多的科学家和发明家都是从观察中获得灵感取得成功的，如牛顿观察苹果落地发现万有引力定律等。告诉同学们要重视观察，既养成很好的学习习惯，也尽快提高自己的运动技能。

### 3. 集体学习与行为训练

同学们可以根据以上对“示范和要领”的学习，谈谈“观察”所折射出的问题和自己的体会。然后，大家在老师或者班长的组织下，想象着各种场合上的观察要领和观察重点，如体操课上的观察，篮球课上的观察，跆拳道课上的观察，在野外活动中的观察，在健康教育课上的观察，等等。深入领会观察的技巧和容易出现的问题。

正确的观察示范
（作者：王雨芊；指导教师：刘平）

### 4. 日常巩固与习惯养成

当同学们都已经对“看示范，悟要领，记环节，步骤清”的道理和要领知晓之后，要帮助同学们认真看示范，对要领的行为加以巩固，并逐渐养成习惯。老师要鼓励大家在此方面互相学习、互相帮助，当看到同学不认真观察时要及时提醒，被提醒的同学要虚心接受并及时改正，大家一起努力，共同养成善观察、细思考的好习惯。

# 十四、做练习，必刻苦，贵坚持，克寒暑

## 道德意涵解说

中华民族从舜耕田、禹治水一直到红军长征、神舟飞船上天，古往今来代不乏人，无一不在诠释“刻苦”与“坚持”的意义。我们每个人，小到养家糊口，大到贡献社会，每一天的劳作、每一份工作、每一项事业都离不开刻苦努力与坚持不懈，古诗有云：“宝剑锋从磨砺出，梅花香自苦寒来。”相比其他工作，体育锻炼更是伴随着许多的劳累辛苦，但体育是苦中有乐、先苦后甜之事。如果一个人总是畏惧辛劳，躲避苦累，那么，他必定体会不到体育运动的独特乐趣，也难有健康的身体，少有坚毅的意志品质，甚至他可能因缺乏刻苦与坚持的精神而终身一事无成。

体育运动、身体锻炼和体育竞赛都是在高负荷甚至是超高负荷下的身体活动，都伴随着身体的不适甚至是痛苦，轻轻松松的、舒舒服服的体育可以说是不存在的。体育运动、身体锻炼和体育竞赛经常也是伴随着人与人、人与物、人与观念的竞争，都伴随着挑战、输赢、荣誉等心理上的压力；体育运动和身体锻炼多是在户外进行，冬练三九、夏练三伏是必需的“功课”，此时往往会伴随着寒暑带来的不适。可见，要想掌握高超的运动技能技压群芳，形成强健、美观的身体让人称赞，都是要付出艰苦的努力的。有些同学可能只觉得体育活动好玩，随便玩玩还挺高兴，但碰到一些真正的困难就容易退缩、放弃，此时需要让他们认识到：如果想在未来的生活中能够成功，就必须从眼前的体育锻炼开始，一点点去磨炼自己的意志，逐渐养成在困难面前勇于坚持下去的行为习惯。

## （一）榜样故事

战国时期，有个人名字叫苏秦，是有名的政治家。他在年轻时曾到许多地方做事，但由于学识有限，都不受重视。回家后，家人对他也很冷淡，瞧不起他。这对他的刺激很大，从

此决心要发奋读书。苏秦常常读书到深夜，并在身旁放一把锥子，一打瞌睡，就用锥子往大腿上刺一下，用疼痛赶走困意，继续坚持读书。学成后的苏秦得到燕文侯的赏识，提出“合纵六国以抗秦”的战略思想。他游说列国，最终成功组建合纵联盟，任“从约长”，兼佩六国相印。

## （二）主要问题

错误的座右铭
（作者：王梦圆；指导教师：李文玉）

### 1. 错误的座右铭

人在遇到困难时，都有一个犹豫的阶段，都有一个自我问答：是坚持下去还是不坚持了？此时这个人固有的稳定的思想方法，也就是座右铭就变得至关重要。最终放弃坚持的人大多是由错误的想法所导致，例如“为什么和自己过不去”“不就是个长跑吗，何必那么认真”“不及格就不及格了，不及格的人多着呢”“少做几遍没什么关系，明天补上吧”等。

太冷了，算了
（作者：孙嘉凝；指导教师：张素玲）

### 2. 接受错误行为的影响

有些人容易受其他人影响，属于缺乏主见的“从众”类型，在许多事情上，他们或是跟着好朋友做决定，或是随着多数人做决定。这样的同学在遇到困难时，也会先看别人怎么做。此时如果没有好的榜样，眼前遇到的困难又比较大，那么这些同学就会很容易放弃努力和坚持。

### 3. 坚持努力的阈值太低

有些同学在长期的娇生惯养中，已经养成了退缩的行为习惯。他们也不是完全不坚持、不努力，而是坚持的阈值太低，往往坚持一会儿就泄气了，或只能在小的困难面前努力和坚持，而困难一大或需要坚持的时间一长，他们就坚持不住了。

我不行
（作者：唐悦萱；指导教师：李文玉）

### 4. 缺乏信心和一个突破

很多同学可能是在之前遭遇的各种挫折和负面经验之中逐渐丧失了自信，觉得自己什么都不行，自己和别人不一样，别人能坚持的事自己未必能坚持下来，进而在困难面前总是给自己找各种自我安慰的理由。这些同学缺乏一个突破来给予自己信心，经常轻易地放弃了坚持和努力。

## （三）学习与培养训练

### 1. 道理讲解与认知学习

老师（特别是体育老师）要经常给同学们讲解在遇到困难时，应该怎样去思考。例如，老师可以引导他们想象：在未来的社会里会遇到更多困难，故需要锻炼意志；爷爷奶奶和父母对自己有许多期待，故要成为坚强和争气的好孩子；那些成功人士和英雄也是因为坚持才能获得成功的。老师也可以讲讲自己的经历和体会，帮助同学们养成正确的思维方式和找到勉励自己的“座右铭”。要注意的是，这种教育最好在遇到困难的真实情境下进行，如在出现长跑极点、体育练习时特别劳累等情境下。老师要进行亲切的、引导性的、渗透式的教育，切忌空洞地说教，要积累大量生动的实例和可以打动同学们的“座右铭”名句，并以此作为教材。

### 2. 情景再现与纠错学习

老师可有意识地营造一些困难情景（难度不要过大），比如在跳箱学习中，鼓励同学们不断挑战更高难度，同时可以利用集体声援鼓励同学们去战胜困难。同学们战胜困难后，老师要因势利导，让同学们体会和感受自我突破之感，从此建立信心、藐视困难、敢于坚持。

### 3. 集体学习与行为训练

在一些需要努力和坚持的活动中，老师要有意识地在班级中事先树立一些不懈努力和勇于坚持的榜样（当然也要提前与这些榜样同学做好沟通和交流），让他们在艰苦的活动过程中起到榜样和“领头羊”的作用，带动广大同学一起努力和坚持。

对一些思想上容易退缩的同学，老师要有意识、有针对性地不断提高其活动任务的难度，设计“意志教育”教程。这个教程从易到难、循序渐进、不断鼓励、小步快走，进而不断提高他们战胜困难的能力和勇气，切不可一上来便难度过大，这样欲速则不达，往往会适得其反。

刻苦锻炼
（作者：张佳誉；指导教师：刘平）

### 4. 日常巩固与习惯养成

老师要通过树立良好的班风，形成崇尚努力和坚持的集体氛围，久而久之形成正确的思想观念和行为习惯。

## （四）拓展阅读

相传李白小时候在四川象耳山读书，很不用功，并想中途废学。有一天，他在山下小溪旁遇见一位白发老婆婆在那里磨铁杵。李白问她在干什么，老婆婆回答说："把铁杵磨成针。"李白扑哧一声笑了，觉得不可思议，问："铁杵岂能磨成针？"老婆婆说："只要功夫深，铁杵就能磨成针。"李白从中领悟到了"功到自然成"的道理。从此，他发奋学习，终于成为中国历史上著名的大诗人。

# 十五、分小组，心归属，尽己责，相帮助

## 道德意涵解说

学校生活是集体生活，我们处在学校、年级、班级、小组等各种不同规模的集体之中，这也是学生学习适应社会、融入集体、与人相处，践行真诚待人、乐于助人、尽职尽责等行为的过程。

“分小组”是说在体育学习中，经常伴随着小组学习，如体育课中练习小组及参加教学比赛的足球队、篮球队、排球队等，需要有职责分工且各司其职，需要有共同目标和集体荣誉感，需要有领导、有服从，需要有小集体内的约定和纪律，小组的活动实际上就是缩小的社会活动，其中有许多要学习的东西；“心归属”是指任何集体的良好品行都来自学生对集体的归属感，要和集体共同拥有目标和荣辱感，如果只是身在集体而心不在，那么，也是不能表现出真诚的行为的；“尽己责”则是说要在集体里完成自己的工作，尽好自己的职责，如果不能认真做好自己的本职工作，就会成为集体的“短板”，那么最终也是会被集体抛弃的；“相帮助”是说集体里每个人都要互相帮助，正所谓团结就是力量，同学发现别人的困难，要挺身而出，出手相助。

## （一）榜样故事

当我们身处学校时，学校是我们的“集体”；在家乡，家乡是我们的“集体”；在更大的背景上，祖国也是我们身处的一个“集体”。陈嘉庚（1874—1961）是著名的爱国华侨领袖、企业家、教育家、慈善家、社会活动家。陈嘉庚一生热爱祖国、热爱家乡、克己奉公，挚爱着自己身边的每一个集体，把祖国、家乡的事当作自己的事。陈嘉庚带头并发动南洋华侨支援祖国抗战、捐资家乡办学，而自己一生却过着极其俭朴的生活，自奉菲薄。陈嘉庚的床、写字台、沙发、蚊帐等都是老旧的，外衣、裤子、鞋子、袜子全都打着补丁；晚年为自

己规定的伙食标准仅为每天五角钱，常吃番薯粥、豆干、腐乳外加上一条鱼。陈嘉庚为集美大学和厦门大学兴建数十座雄伟的高楼，自己的住宅却是一所简朴的房子。抗日战争期间，一次，校舍和他的住宅都被日本飞机炸毁了，然而他却坚持先修校舍，并说：“第念校舍未复，若先建住宅，难免违背先忧后乐之训耳！”还有一次，陈嘉庚的儿子被人绑架，绑匪写信要他拿钱赎人，他却回信道：“你把我儿子杀掉好了，我不会给一分钱，我的钱是回馈祖国、回馈社会的，绝不给儿女。”绑匪接到信之后，感佩陈嘉庚的情怀与胸襟，把他儿子放了。陈嘉庚去世后，周恩来、朱德亲自为其执绋（绋是拉灵柩的绳子），毛泽东主席盛赞他为“华侨旗帜、民族光辉”。1990 年 3 月 11 日，国际小行星中心和国际小行星命名委员会把一颗编号为 2963 号的小行星命名为“陈嘉庚星”。

## （二）主要错误

### 1. 不愿融入集体，不会融入集体

个别同学在家长长期的宠溺之下，或在一些不完整也不准确的思想和说法的影响之下，盲目地信奉自我存在，甚至是以自我为中心。这些同学不愿意参加集体的活动，有时还远离集体。

### 2. 不认真完成自己的工作

应该说，每个人在集体中都有自己的工作，而完成自己的工作是每个人必须做好的事情。但有些同学对这一点缺乏必要的认识，觉得集体里那么多人，为什么非要自己做，于是不积极做好集体交给自己的工作。

不完成自己的工作
（作者：王楚晴；指导教师：李文玉）

### 3. 不积极主动地为大家做事情

这就是我们常说的“没眼力见儿，眼里没活”，有些同学在集体活动中总是无所事事，大家都在忙，他却在那里闲逛，背后是缺乏为大家服务的意愿。

### 4. 不愿帮助人

有些同学当看到其他同学有各种困难时，不愿意出手相助，或躲避，或冷眼相看，表现出冷漠的待人态度。

### 5. 语言不温暖，爱说风凉话

有的同学在集体中语言不温暖，总爱挑别人的小缺点、小毛病，说风凉话，影响集体合作的良好氛围。

### 6. 不服从集体的领导

有的同学在集体行动中不能服从命令听指挥，有时也不服从班干部领导，甚至擅自行动，不服从集体的约定和纪律。

不服从集体的领导
（作者：赵洋逸；指导教师：李文玉）

## （三）学习与培养训练

### 1. 道理讲解与认知学习

老师要给同学们讲解集体与个人的关系，举例说明“众人拾柴火焰高”的道理，让同学们认识到“团结就是力量”，每个人的成功都离不开身后的集体。老师要教育同学们作为新时代的中小学生，一切以集体利益为重，不能形成以自我为中心的个人主义和自由主义的思想。

### 2. 情景再现与纠错学习

老师可让大家一起谈谈在集体活动中的各种不正确的言行，分析出现这些错误的思想根源，如“因为觉得有那么多人在做事，不缺我一个”“班长的指挥不对，所以没理他”“我觉得她做事有点儿怪，就说了风凉话”“我讨厌人多，就愿意一个人独往独来”，等等。老师要接着和大家分析这些不正确的思想和行为，并告知大家良好的集体行为是个人良好教养的体现，因此要努力学习良好的集体行为，纠正不良的集体行为。

### 3. 集体学习与行为训练

同学们要根据以上的学习谈谈“融入集体”所折射出的问题和自己的体会。然后，大家可以想象着各种场合的集体行动，如在体育课上的分组练习、体育课后的收拾场地、体育比赛中的团结合作、外出郊游时的集体工作等。同学们可在老师的指导下做一些集体行动的练习和拓展训练，从行为上认识正确的集体言行。

### 4. 日常巩固与习惯养成

当同学们都已经对“分小组，心归属，尽己责，相帮助”的道理有正确认识后，老师要帮助他们将良好的集体行为变成习惯。老师要鼓励大家在日常的集体言行方面互相学习、互相帮助、互相提醒，如果看到同学出现不好的集体行为时要善意地提醒，被提醒的同学则要虚心接受并努力改正。老师要鼓励同学们，大家一起努力，使集体里的每个同学都能成为时刻热爱集体、服从集体并努力为集体作贡献的好学生。

关心互助
（作者：杨紫仪；指导教师：刘平）

# 十六、解难题，要自主，遇困难，勇克服

**道德意涵解说**

每个人的一生都会经历许许多多的艰难与困苦。“居逆境中，周身皆针砭药石，砥节砺行而不觉；处顺境内，眼前尽兵刃戈矛，销膏靡骨而不知。”横逆困穷，是锻炼豪杰的炉锤。能受其锻炼者，则身心交益；不受其锻炼者，则身心交损。

“解难题，要自主，遇困难，勇克服”是指在学习和生活中，每个人都会遇到许多的难题、许多的困难。这时，我们有三个选择：一是躲避困难，所谓“退一步海阔天空”。但是我们要知道这个困难还在，而且将来还会遇到，但克服困难的能力没有形成，躲避困难的习惯却逐渐养成了；二是找人帮忙克服困难。此时，困难是被暂时地克服了，但我们克服困难的能力却没有形成，依赖的习惯也不知不觉地养成了；三是主动迎难而上，去积极地想办法、努力地探索、勇敢地克服困难。我们在克服困难的同时，有了克服困难的勇气和信心，积累了克服困难的经验，学到了克服困难的方法，最终成为一个勇于克服困难的坚强的人。

## （一）榜样故事

匡衡，字稚圭，东海郡承县（今山东省枣庄市峄城区）人，以说《诗经》著称，在汉元帝时官至丞相。成语“凿壁偷光”就是来自他的故事。据《西京杂记》记载，匡衡小时候十分好学，勤奋努力，可是他家世代务农，家境贫寒，买不起蜡烛，天一黑就无法看书了。在这巨大的困难面前，匡衡并没有气馁、退缩，而是积极想办法克服。经过观察，他发现邻居家境比较好，晚上都点着蜡烛，可是蜡烛的光没办法照到他的房间，他就想办法在墙壁上穿孔，让烛光透过来，借着微弱的烛光看书学习。匡衡家境不好，藏书不多。为了增长更多的学问，他打听到同乡有个大户人家藏书很多，匡衡就去和人家商量用免费做工换取读书的机会。主人听了非常感动，把书借给了匡衡。经过多年的刻苦努力，匡衡终于成为大学问家，

他对《诗经》的理解十分透彻，当时的儒学之士曾有“无说《诗》，匡鼎（鼎是匡衡的小名）来。匡说《诗》，解人颐”之语，意思是说不懂得《诗经》，就请匡衡来，听匡衡解说《诗经》，能使人眉头舒展，心情舒畅，由此可见他学问之深。

## （二）主要错误

### 1. 面对困难时容易退缩

有些同学在学习顺利时表现良好，积极性高，但一碰到难题，缺乏想办法努力克服的精神，就想着“算了吧”“就这样吧”而倾向退缩。

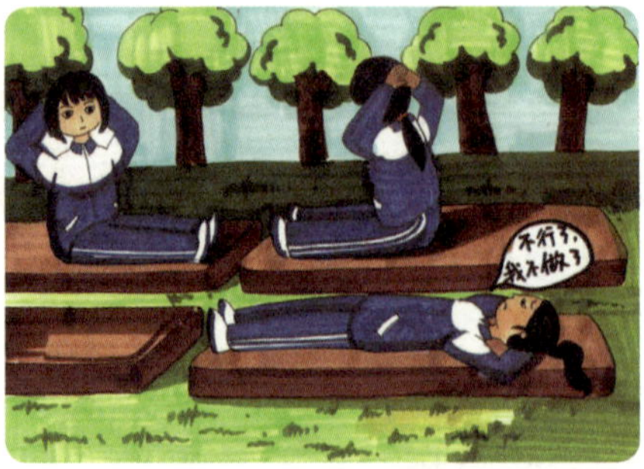


面对困难时容易退缩
（作者：刘依濛；指导教师：李文玉）

### 2. 缺乏自主精神

有些同学缺乏独立克服困难的精神，当大家一起工作时还表现不错，但是当需要一个人去自主工作时，便容易产生畏难情绪。

### 3. 缺乏解决问题的能力

很多同学面对一些困难和问题时，缺少解决的办法，也不善于去想办法，这是解决问题能力欠缺的表现。

### 4. 缺乏合作的精神

解决困难往往需要与他人合作，而有的同学缺乏和大家一起想办法解决困难的意识和能力，这是和缺乏自主精神相对立的一种行为趋向。

缺乏自主精神
（作者：王楚晴；指导教师：李文玉）

缺乏解决问题的能力
（作者：唐悦萱；指导教师：李文玉）

## （三）学习与培养训练

### 1. 道理讲解与认知学习

老师要给同学们讲解面对困难的正确态度，讲解人只有克服困难才能取得最后成功的道理，讲解“往往最后的胜利就在坚持的努力中”等励志口号，讲述许多革命先辈和科学家克服了重重困难，最终取得革命胜利和科学研究成果的故事，如红军长征、“两弹一星”等。

告诉大家，作为新时代的中小学生应该培养自己不怕困难、勇于克服困难和善于克服困难的精神，体现出青少年坚韧不拔的良好精神面貌。

### 2. 情景再现与纠错学习

老师可让每个同学都回忆自己过去在面对困难时是如何做的，让他们自己指出行为中的不足和错误，并分析为什么会有这样的不足和错误，分析其背后的思想根源，如“因为太难了，所以退缩了”“过去碰到困难就愿意找别人帮忙，都习惯了”“自己不勇敢，也缺乏自信”，等等。老师要和大家仔细分析，其实这背后还是缺乏勇于挑战的精神，面对困难总是退缩，这种情况下挑战精神有可能会越来越少直至丧失殆尽。因此，要勇于挑战、勇于独立自主地去克服眼前的困难。

### 3. 集体学习与行为训练

同学们可以根据以上的学习谈谈对“克服困难”这个问题的体会。然后，大家在老师的组织下想象各种困难，如在学技术、跑长跑、做体操、面对一个从没有做过的动作，以及在其他学科学习中的各种困难情景。此时，老师要组织同学们进行心理拓展等挑战困难的体验性学习，帮助同学们通过克服困难的实际体验建立起克服困难的信念和信心。

解难题，要自主
（作者：高若斌；指导教师：王光）

### 4. 日常巩固与习惯养成

当同学们都理解了“解难题，要自主，遇困难，勇克服”的道理和建立了克服困难的坚定信念之后，要帮助同学们将勇于挑战的精神固化下来，逐渐养成良好的行为习惯。老师还要鼓励同学们在这方面互相学习、互相帮助，当看到同学畏惧困难的时候，要及时进行提醒，被提醒的同学要虚心接受并及时改正。

# 第四篇 代表性运动项目的正确行为

# 十七、做体操，要整齐，做器械，要心细

### 道德意涵解说

体操是学校体育课程中的重要内容，基本体操和广播体操可以规范人的坐、立、走、跑动作，塑造人的良好姿态，展现人的良好精神面貌，培养集体行动的能力；器械体操可以发展学生的滚动、支撑、悬垂、攀爬、摆动、负重、翻越、腾跃等能力。“做体操，要整齐”说的是做体操的一个基本要求，如果基本体操没有了横平竖直，没有了快、静、齐，它的教育意义和锻炼意义也就没有了；“做器械，要心细”是指器械运动是一个有难度也有一定危险性的运动项目，只有心细，才能很好地掌握，只有心细，才能保障学习和锻炼的安全。在此要求同学们在基本体操的学习中要把“整齐划一”“融入集体”作为自己的行动目标；在器械体操的学习中要把“胆大而心细”“细观察”“细考虑”“细关怀”“细保护”作为自己的学习任务。

## （一）榜样故事

体操中的单杠、双杠、鞍马、吊环、跳马、平衡木、高低杠等项目都需要在器械上进行。每次训练或比赛前，对器械以及周边的检查和调测是每一名运动员都要认真完成的，这不仅关系到能不能取得好成绩，更关系到运动员的安全。

我国优秀的体操运动员李宁，在读小学时个子很小，但跟头却翻得特别好，广西壮族自治区体操队的教练梁文杰到小学里选苗子的时候一眼就相中了他，他要求李宁对每个体操基本动作都做到一丝不苟、准确和到位。1980 年全国体操锦标赛上，李宁夺得了男子自由体操第二和吊环第三，全能分也排在第三，赢得了国家体操队教练张健的青睐。张健最欣赏的，就是李宁被梁教练“磕”出来的扎扎实实的基本功以及对训练、对比赛的严格要求和仔细认真的态度。随后，李宁进入了国家体操队，在张健和其他教练的严格要求和细

没有做到快、静、齐
（作者：马咏琪；指导教师：李文玉）

心教导下，逐渐成长为一名世界顶尖的体操运动员。

## （二）主要错误

### 1. 体操集合不能做到快、静、齐

一些同学听到集合口令后行动迟缓，或仍然在说话，站队时也没有注意到队列是否整齐，而是随便一站。

### 2. 做体操没有做到身体横平竖直

体操区别于其他运动的最大的特点就是身体和四肢动作横平竖直，而有些同学却不能注意到这一点，做动作不到位，失去了做体操的意义。

### 3. 做器械练习之前不认真检查器械

体操运动中有许多器械运动，具有一定的危险性，因此做体操前必须认真检查器械。有的同学不注意这一点，见到器械直接使用，可能对自身造成伤害。

### 4. 初学动作时莽撞，不按要求做

莽撞地学习
（作者：张廷照；指导教师：李文玉）

有些同学初学体操动作，缺乏认真观察和思考，也没有听清讲解，一上来就尝试着做动作，既影响技术学习，也不安全。

### 5. 在做有难度的动作时不能做到互相学习、互相帮助

体操学习中有严谨的保护与帮助的程序，讲究同学之间的互相保护与互相帮助，需要互相学习。而有的同学不注意互相帮助和互相学习，既给其他同学造成危险，也影响自己的学习。

## （三）学习与培养训练

### 1. 道理讲解与认知学习

老师要给同学们讲解体操的历史，举例说明体操对人身体锻炼多方面的意义和作用，让同学们了解体操的基本特征和要领，特别要讲解体操对青少年塑造良好的体形和体态的意义，利用同学们对体形和体态美的追求心理，激发同学们参与体操锻炼的积极性。

### 2. 情景再现与纠错学习

老师随机让某个同学说出过去体操学习时的一些举动，让同学们一起分析哪些做得对，哪些做得不够好，然后让同学们各自回忆自己在体操学习与练习时的举动，指出自己的不足，并勇于分析这些不足背后的思想根源，如“觉得天天都在做体操，还非得横平竖直吗”“想着慢一点没关系，我又不是最后一个”“自己做完了就忘了给同学保护和帮助了”“看着器械挺安

全，没想到要事先检查检查”“原来觉得体操挺没意义的，一点都不好玩”，等等。老师要和同学们仔细分析，其实这背后还是缺乏对体操运动意义和作用的正确认识，教育同学们今后不仅要加强体操的锻炼，把身体练好，把力量练强，把姿态练美，更要锻炼不怕困难的精神，做身心健康、体魄强健的青少年。

### 3. 集体学习与行为训练

同学们要根据以上对体操意义的学习谈谈“练体操”这件事折射出的问题和自己的体会。然后，大家想象各种体操练习的场景，如在大课间做操、健美操学习、器械体操学习、集合整队、队列训练、跑操等，讨论在各种情形下的正确举止。老师也可以带领同学们做一些小练习，如快速集合、队列练习等，帮助他们更加深刻、直观地体会学体操、练体操的正确行为举止。

### 4. 日常巩固与习惯养成

当同学们都已经对“做体操，要整齐，做器械，要心细”的道理和正确举止知晓后，老师要帮助同学们树立起正确的学习态度并将学体操、练体操的正确行为逐渐培养成好习惯。老师要鼓励大家在这方面互相学习、互相帮助，当看到同学在体操学习过程中做得不好时大家要及时提醒，被提醒的同学要虚心接受并及时改正，大家一起努力学好体操，练好体形和体态。

正确的体操学习
（作者：陈思贝；指导教师：王光）

# 十八、跑长跑，练毅力，座右铭，心中记

## 道德意涵解说

凡有成就的人，都有极强的意志。坚持长跑能够有效磨炼意志，正如古希腊的格言："如果你想强壮，跑步吧！如果你想健美，跑步吧！如果你想聪明，跑步吧！"

说起长跑，每个同学都有不同的体验：有的同学觉得长跑运动很好，每天都要跑几圈；有的同学则认为长跑是个难题，别说跑了，想着都觉得难受。的确，长跑是一个需要能力、更需要努力的体育运动项目，因为长跑会经历运动负荷"极点"，会积累"氧债"，所以有艰苦的体验。当然，它也会"第二次呼吸"，可以收获克服痛苦到达终点的成功喜悦。喜欢长跑的人往往都是热爱运动、勇于克难、不轻言放弃、自制力很强的人。"跑长跑，练毅力"是说，长跑不单单是一个体育运动项目，更是同学们磨炼自己意志、培养坚强品质的途径，从这种意义上讲，长跑也是同学们自我锻炼的宝贵课堂。"座右铭，心中记"是说，坚持需要有动力；动力来自自我激励；自我激励往往来自一个信念；信念往往是表现在心中的座右铭；座右铭就是有力量的一句话。因此，每位同学在遇到困难的时候要在心中默念具有正能量的话，例如"连这点坚持都没有，叫什么男子汉""爸爸妈妈在家乡期待着我的成功，我要努力让他们放心""未来的社会竞争激烈，如果现在遇到小事就退缩，将来必然会失败"，等等。

## （一）榜样故事

1973 年，王军霞出生在吉林省一个偏僻的小山村。王军霞从小就活泼好动，大人们都管她叫"疯丫头"。王军霞的父母都是农民，只能靠种地养家。他们要去地里劳作，天黑后才能收工回家，只能把王军霞独自留在家里。时间一长，无人管束的王军霞变得更"疯"了，常常跟着小伙伴们漫山遍野地乱跑，就像一匹善于奔跑的小鹿，早早地显现出了跑得快的天

赋。王军霞进入体校后开始了更加严格、专业的训练。刚到训练队时，王军霞的训练成绩不是最好的。王军霞有些着急，开始更加刻苦地训练，太苦太累时，她就告诉自己再坚持一会儿："别人都能坚持，我为什么就不能坚持呢？"这样，王军霞不断地鼓励自己，进步也越来越快，虽然还是不如别人的成绩好，但她知道自己在进步，这就够了。经过坚持不懈的努力，1993 年 4 月 4 日，在第七届全国运动会女子马拉松比赛中，她以 2 小时 24 分 07 秒的成绩跑完了全程，获得冠军，并创造了女子马拉松的亚洲最好成绩。1994 年，王军霞在美国纽约获得了第十四届"杰西·欧文斯"国际奖，她也成为首个获得此奖项的亚洲运动员。在备战 1996 年亚特兰大奥运会的训练中，王军霞进行了连续六个月的全封闭训练，每天 4 点半就起床，围绕着崎岖不平的山路至少跑上 20 公里。其间，王军霞没有看过一场电影，没有游览过一次名胜古迹，连膝盖受伤也舍不得休息一天。1996 年，在第 26 届亚特兰大奥运会田径赛场上，王军霞为祖国夺得了女子 5000 米金牌和女子 10000 米银牌，成为中国第一位在同一届奥运会田径比赛中获得两枚奖牌的选手，赢得了"东方神鹿"的美誉，创造了一个来自东方的田径神话。

## （二）主要错误

### 1. 缺乏座右铭

所谓缺乏座右铭是指缺乏在遇到困难时能鼓舞自己坚持下去的信念，缺乏一句能鼓励自己的话。这说明平时对信念培养的不足。

缺乏座右铭
（作者：李膺卓；指导教师：李文玉）

### 2. 在"极点"时松懈

"极点"是长跑中出现的呼吸困难、肌肉疼痛、情绪低落等状态，是一种正常的生理反应，是每个长跑者最难过的一段时间。其实坚持一下等到进入"第二次呼吸"后同学们就会重新感觉动作轻松有力，但有些同学却在这个时候松懈并退却了，出现半途而废的现象。

在"极点"时松懈
（作者：马咏琪；指导教师：李文玉）

### 3. 缺乏耐久性锻炼

耐久性锻炼是长跑的基础，需要顽强的毅力和坚韧不拔的精神，而有些同学有怕苦怕累的思想，因此长久缺乏这类锻炼，造成自己耐力素质较差，在长跑中会遇到更多的困难。

### 4. 长跑动作不对

一些同学的长跑动作不对，身体缺乏合理的放松，向前性也不好。这些不正确的长跑动

缺乏耐久性锻炼
（作者：任雨涵；指导教师：李文玉）

作会增加身体额外的负担，对坚持长跑和长跑的成绩都有不利的影响。

#### 5. 身材肥胖

身体肥胖的同学在长时间的锻炼中要比其他身材适中的同学多做许多功，影响成绩，也容易感到疲劳。因此，身材肥胖的同学要先进行合理的减重训练，再加强长跑的锻炼。

### （三）学习与培养训练

#### 1. 道理讲解与认知学习

老师要给同学们讲解“长跑”“意志”“毅力”“座右铭”“信念”“成功”这些概念之间的联系，举例说明“坚持就是胜利”的道理。老师要告诉同学们，虽然长跑只是一个运动项目，而且还是一个比较枯燥和辛苦的项目，但正是在枯燥、辛苦之中，蕴含着丰富的教育意义和锻炼价值。老师要告诉同学们，新时代的青少年应崇尚不怕苦、不怕难的精神，努力将自己培养成为具有坚定信念和意志的一代新人。

#### 2. 情景再现与纠错学习

老师可以组织大家一起回忆和讨论过去不够坚持的情景，分析出现放弃现象背后的思想根源，如“太难受了”“看别人不跑了也就放弃了”“想着为什么要和自己过不去”“想着那么难受是不是身体有问题了”“我以为太难受肯定会对身体不好”，等等。老师要和大家一起接着分析，长跑不能坚持到最后主要还是毅力的问题。毅力来自信念，老师要引导同学们把长跑当作锻炼自己的良药，虽然苦口，但能治疗青少年普遍存在的“意志薄弱症”。

矫健的长跑
（作者：李昕格；指导教师：王光）

#### 3. 集体学习与行为训练

同学们可以根据以上的学习一起谈谈对“长跑难受的时候想些什么就可以坚持”的看法与体会。大家可以畅想许多有用的座右铭，然后老师可以引导同学们再想想其他情况的“坚持”，如暑天跑步的坚持、寒冷天做操的坚持、手疼的时候做引体向上的坚持等，可以做一些强调坚持的心理拓展训练游戏，让同学们充分体会何为“坚持就是胜利”。也可采用一些有趣的跑的练习，如轮流领先跑、集体做动作跑、定向越野跑、接力比赛跑等形式，激发同学们参与长跑锻炼的兴趣，老师要参与到学生的活动中，与学生相互加油鼓励。

#### 4. 日常巩固与习惯养成

当同学们都已经对“跑长跑，练毅力，座右铭，心中记”的道理知晓之后，老师要帮助同学们将对“坚持”的理解变成日常的行动，并将其逐渐固化成为习惯。要鼓励同学们在意志品质培养方面互相学习、互相帮助，当看到同学有退缩和放弃的倾向时，一定要互相鼓励，用自己的意志去感染周围的同学，大家一起努力把自己培养成为坚强的青少年。

# 十九、学武术，求功力，招式起，精神气

## 道德意涵解说

武术是中国人民在长期的生活和生产当中摸索出来的一种特殊的运动方式。武术可以让个体的身心处于不断协调配合当中，若适当加以外在的压力进行艰苦的训练，最终可收获超越常人的体质。练习武术的核心就是强身健体，修心养性，陶冶情操。随着现代文明的进步，法制的健全，靠武力解决问题或者显示能耐的时代已经过去。人们对审美的需要日渐增强。由于武术中包含着诸多审美要素（如协调的系统动作，敏捷的反应，舒展的姿态等），越来越多的人把武术作为一种艺术形式搬上舞台，向广大观众展示人体所特有的动作韵律美。随着人们生活水平的不断提高，对精神文化的需求不断增强，武术作为一种休闲娱乐项目也将会更加频繁地走进大众视野。作为中华国宝的武术不断散发着自身的独特魅力，必将被进一步发扬光大。

说起武术，我们能想起的人很多，像黄飞鸿、霍元甲等人，他们是中华民族的骄傲，是威武刚强的象征。我们中小学生学习武术就是要通过武术领会中国文化精神，学习中华民族品质，培养刚强勇毅的品格，记住中华武术的武德，成为一个有“中国范儿”的好少年。“学武术，求功力”是说学习武术，不是花拳绣腿，不是只记住动作，而是要注意功力的锻炼，要锻炼力量、速度、耐力、柔韧、灵敏等身体素质。要增强身体素质，就必然要以刻苦的锻炼为基础。“招式起，精神气”是说练习武术不只需要对招式的练习，更需要培养一个人的精、气、神，这里的精、气、神是气沉丹田后强势呼气，是心中“天地人”合一的思想境界，是中华精神的体现。只有这样，我们才能理解中华武术的真谛，才能真正地学好武术。

## （一）榜样故事

李小龙，原名李振藩，祖籍中国广东顺德区均安镇，武术家、演员，也是截拳道创始人。

李小龙在 7 岁的时候就开始学习太极拳，14 岁时拜著名的武术家叶问为师，学习咏春拳，并在家中设一座木桩，每天对着木桩勤奋练习。此外，他还练过螳螂拳、洪拳、少林拳、戳脚、节拳、白鹤拳等拳种，并且还擅长长棍、短棍和双节棍等各种器械，为以后自创截拳道打下了坚实的基础。20 世纪 60 年代，李小龙赴美国读书。在读书之余，他在学校里组织了一支“中国功夫队”，经常在校园里进行训练和表演。在大二时，他就租了校园的一个停车场角落，作为武馆，挂起了“振藩国术馆”的牌子，迈出了向全世界推广中国武术的第一步。他边教边练，技术大有长进，练出了“李三脚”“寸拳”“勾漏手”等个人绝活。李小龙曾先后在奥克兰、洛杉矶等地开设武术分馆授徒。1963 年，他自费出版了《基本中国拳法》。他去世前留下了七大本学武笔记和六本著作手稿，包括《截拳道》《截拳道研究》等。李小龙为中华武术的推广做出了杰出贡献。

## （二）主要错误

### 1. 没用心去理解武术

中国武术博大精深，只有用心理解才能体会其中的文化意义和教育意义。但不少同学只把武术当作一个运动项目，甚至只是理解为搏击和打斗，学习的态度不端正。

没有理解武术
（作者：王京琪；指导教师：李文玉）

### 2. 没掌握武术要领

武术有其独特的技术，但有些同学学习武术时没有去用心掌握其中的要领，只是单纯地模仿动作，因此造成动作不正确或没有精气神。

### 3. 武术讲究刚柔相济，缺乏力量

武术讲究刚柔相济，精气神主要表现在其特有的力道上，但很多同学由于平时缺乏力量、速度、灵敏和柔韧等的训练，做起动作来缺乏力量，只有软绵绵的动作。

没有精、气、神的武术
（作者：王思佳；指导教师：李文玉）

### 4. 不认真观察示范的动作

武术动作来自技击，与日常动作有很大区别，一般也比较复杂，需要身体各部位协调配合。如果同学们缺乏认真的观察和学习，那么武术就很难学好。

没有用力做出呐喊
（作者：郭佳琦；指导教师：李文玉）

### 5. 没有用力做出呐喊

武术经常配有丹田用力、从嘴中发声，这是呼吸的配合，也是发力的手段，十分重要。但很多同学只把它当作一种无所谓的形式，发声时不用力也没有精气神。

## （三）学习与培养训练

### 1. 道理讲解与认知学习

老师要深入浅出地给同学们讲解武术中的道理与故事，举例说明中华武术在世界文化和世界体育中的地位，让同学们能够理解中华武术不仅是中国传统文化中的瑰宝，也是每个中国人引以为豪的骄傲。每个新时代的中小学生都应珍惜在学校里学习武术的机会，好好学习、努力锻炼，掌握通过武术强身健体的方法。



### 2. 情景再现与纠错学习

老师让同学们共同对过去的武术学习做个总结，针对武术学习中存在的不足和错误进行反思，让同学们找出自己的不足。老师和同学们共同讨论为什么会出现这样的错误，分析其背后的思想根源，如“没认识到武术有那么多的理念和原则”“觉得武术好枯燥，就是一遍又一遍重复，不喜欢”“觉得武术没有什么用，没认识到武术背后的文化和教育意义”，等等。老师要和同学们一起分析，没有好好学习武术的原因是缺乏对武术深刻意义的认识，因此首先要从认识入手，尊崇武术、热爱武术，然后好好地学习武术。另外，体育老师要注意：在向学生教授武术时，要融会贯通地、有故事性地把我国武术发展史和武术中蕴含的哲理讲给同学们。

精神抖擞的武术
（作者：孟岩；指导教师：王光）

### 3. 集体学习与行为训练

同学们根据以上的学习，集体谈谈“中国人为什么要学习武术？”并交流自己的体会。然后，大家在老师或者班长的组织下，想象各种武术的意义，如文化的武术、自卫的武术、健身的武术、国际交流的武术，等等。在充分理解武术意义的同时，大家也可以一起练习，分析应该怎样才能做得更好，以便在今后的武术学习中有一个比较明确的标准。

#### 4. 日常巩固与习惯养成

当同学们都已经对“学武术，求功力，招式起，精神气”的道理和正确的学习态度有了基本的认识之后，要帮助同学们把认真学习武术的意愿转化成行动，并将这样的行为巩固下来，促进良好学习习惯的养成。老师一定要鼓励同学们在学习武术方面互相学习、互相帮助，当看到同学在学武术不认真时大家要及时进行提醒，被提醒的同学要虚心接受并及时改正。大家一起努力，把武术学好。

第五篇

# 体育活动中的文明行为

# 二十、做保护，必万全，同伴好，自心安

## 道德意涵解说

保护与帮助是体育课堂教学中的一个重要环节，正确地运用保护与帮助，有助于确保课堂安全、减轻学生的身体负担，消除顾虑，增强信心，尽快地明确正确的动作概念，掌握动作技术，提高动作质量。另外，通过同学之间的保护与帮助，还可以培养学生的责任感和团结协作的精神，可以增进师生、生生之间的感情。特别是在体育课上和课外训练中，有计划、有目的地在学生中培养保护与帮助的榜样，对协助完成教学训练任务及推动体育活动的开展，具有重要的意义。

体育课中有许多需要同学们互相支持、互相保护、互相帮助的动作，这点在器械体操和一些需要器械的素质练习中就更加明显。“做保护，必万全”是说在做保护时，必须要仔细认真，全神贯注，牢记要领，不可有一丝懈怠。“同伴好，自心安”是说只有我们杜绝了一切可能的导致运动损伤的因素时，大家才能真正安心锻炼，才能真正学好体育项目。因此，在体育教学中同学们的互相保护和互相帮助，不仅是安全教学和科学体育锻炼的需要，更应该是一种培养同学们互相关爱的文明行为教育。当然，在这种互助之中，也能同时提高同学们在体育活动中保护自己和保护他人的能力。

## （一）榜样故事

李宁是世界著名的体操运动员，在他平时的刻苦训练中曾面临过许多次危险，但都在教练的保护与帮助下化险为夷。李宁入选国家体操男队时，队里已有童非、李月久等著名的运动员。张健教练要求李宁在优美、独特、高难度上下功夫，并亲自保护李宁做各种高难度的动作。有一次练单杠动作，李宁在杠上旋转时由于发力过猛，双手没抓住，整个身体飞了出去，就在他从高空摔下来的一瞬间，张健教练跨步上去，伸臂一托化险为夷。但是张健教练

接住李宁的同时，在场所有人却听到张健教练的胳膊“咔嚓”一声，原来是他的手臂骨折了。还有一次李宁在练吊环时空翻不到位，头朝下掉了下来，张健教练又一次伸出手臂保护了他。这一次张健教练肌腱断裂，手术后住院两个月。一年之后，李宁作为队里的主力队员参加了在南斯拉夫举行的第六届世界体操锦标赛，将自由体操、单杠、跳马、吊环和鞍马的五枚个人金牌收入囊中，同时获得全能冠军，成为那届世界体操锦标赛上最明亮的一颗星。

## （二）主要错误

### 1. 缺乏对同学的责任心

有些同学在体育课上做保护与帮助时，缺乏责任心，没有充分重视，只是敷衍性地做做样子，存在安全隐患。

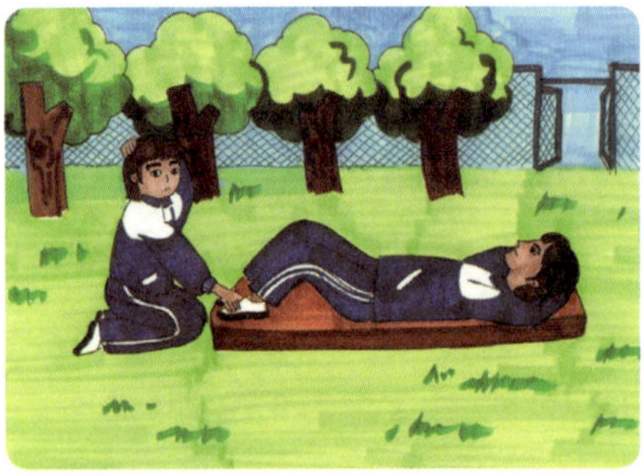

保护与帮助时不认真
（作者：王梦圆；指导教师：李文玉）

保护与帮助的方法不正确
（作者：彭胡宇庭；指导教师：李文玉）

不主动保护与帮助
（作者：李荞含；指导教师：李文玉）

### 2. 做保护与帮助时没能全神贯注

有些同学没有认识到保护与帮助的重要作用和自己所肩负的责任，在保护与帮助时没能做到全神贯注。

### 3. 没有掌握保护与帮助的方法

有些同学没有很好地掌握保护与帮助的方法和要领，出现技术错误，这也对同伴的安全造成隐患。

### 4. 做保护与帮助时因畏惧而放弃

有些同学在做保护与帮助时，有畏惧心理，在保护时会有退缩意识和不敢做动作，给同学、给自己带来很大的危险。

### 5. 缺乏保护与帮助意识以及主动保护与帮助行为

体育课中会出现一些需要保护与帮助的紧急情况。有些同学没有主动保护与帮助的意识，当身边的同学遇到需要保护与帮助的紧急状况时，一时反应不过来没能及时做出主动保护和帮助动作。

## （三）学习与培养训练

### 1. 道理讲解与认知学习

老师要给同学们讲解体育中保护与帮助的道理和故事，举例说明保护与帮助的重要性，让同学们理解保护与帮助既是体育学习的内容，也是体育学习所需要的技能，更是集体学习时所需要的良好态度。每个同学都应在平时的体育学习中养成关心同学、保护同学的良好意识和行为习惯，还要认真学习老师教授的各种运动中保护与帮助的方法，通过大家的努力使我们的集体变得更加和谐、安全。

### 2. 情景再现与纠错学习

老师可以让同学们共同回忆过去体育教学中保护与帮助的情景，一起做个总结，并针对保护与帮助的不足和错误进行反思，找出自己的不足。大家共同讨论分析为什么会出现这样的错误及其背后的思想根源，如“没想到保护这么重要，以为意思意思就行了呢”“小张比我块头大得多，给他保护还真有点害怕”“才认识到好多保护都是很有技术的，以后要认真学习”，等等。老师此时要和大家一起分析：没有好好进行保护与帮助的原因有技术的问题，更重要的是对同学负责的态度问题，以后要好好注意，以保证每个同学的运动安全。

### 3. 集体学习与行为训练

同学们根据以上的学习，一起谈谈对“为什么要注意运动中的保护与帮助？”“怎么才能保护好同学”的看法。然后，大家可以进行一下保护与帮助的范例式教学，如在老师的带领下现场做单杠、双杠、跳箱等动作的保护与帮助练习，老师则讲解保护与帮助的基本原则和技巧、规律等，帮助同学们加强对保护与帮助的信心，提高自觉意识。老师在进行体育教学时，要经常有意识地强调保护与帮助，做到经常提醒和督促。

### 4. 日常巩固与习惯养成

当同学们都已经对“做保护，必万全，同伴好，自心安”的道理有了基本的认识之后，老师更重要的工作就是帮助同学们把自觉认真做好保护与帮助的意识固化下来并逐渐养成良好的习惯。老师还要鼓励同学们在认真保护与帮助同学方面互相学习、互相帮助，当看到同学不认真对待保护与帮助时大家要及时进行提醒，被提醒的同学要虚心接受并及时改正，大家一起努力，让班级的运动学习和谐而安全。

良好的保护与帮助
（作者：高若斌；指导教师：王光）

# 二十一、放衣物，顿不乱，他人物，勿擅翻

## 道德意涵解说

《弟子规》中有“勿乱顿”的要求，我们《体育弟子规》中也有同样的要求。“放衣物，顿不乱”是指在体育活动中，同学们要经常地换衣服、换鞋，还要用很多的体育器材用具。因此，我们怎样放置衣服和放置器材就成为对同学们文明素养的一个考验，乱扔乱放，不仅是扔掉了自己的一个良好习惯，同时也扔掉了严谨的做事态度。“他人物，勿擅翻”是指在不经允许的情况下，绝对不能乱翻别人的物品。可能有的同学会说“我们是好朋友，他不会在意的”，但是随着同学们不断长大，隐私的物品会越来越多，隐私保护的意识会越来越强，因此大家要学会尊重别人，如果他是你的同学、好朋友,就更应该尊重他。其实要拿东西说一声，征求一下主人的意见，也就是一句话的事情，但文明的程度就大不相同了。

## （一）榜样故事

这是一张某校小学生在体育馆上课的照片。我们可以看到这个学校的体育馆非常整洁干净，特别是他们的篮球没有放在球筐里，而是放在架子上，并且摆放得整整齐齐。这是因为这个学校对器材的整齐摆放有着严格的要求，而学生们也养成了整齐放置物品的良好习惯。

## （二）主要错误

### 1. 衣物随便乱放

这是很多同学都容易犯的错误，他们可能认为衣物随便乱放是件小事，反正也丢不了，地方那么大放哪都行，时间一长已经养成了不好的习惯。

衣物随意乱放
（作者：王怡林；指导教师：李文玉）

### 2. 衣物摆放不整齐

很多同学可能认为将衣物摆放整齐没有必要，反正还要穿，不整齐没关系。

### 3. 随意乱翻他人或公共的物品

这是一种非常不好的习惯，既是对别人的不尊重，也是对自己的不尊重，还会使人很反感。

翻弄他人的物品
（作者：王浩铭；指导教师：李文玉）

### 4. 污损他人或公共的物品

经常表现在不注意自己手中的食物和饮料，弄脏他人的物品。

### 5. 碰落他人或公共的物品不捡拾、不道歉

经常表现在公共场所行走时不注意看路，或者动作过大，碰落别人的东西，事后还不去主动捡起物品，也不真诚道歉。

污损和碰落他人的衣物
（作者：唐悦萱；指导教师：李文玉）

## （三）学习与培养训练

### 1. 道理讲解与认知学习

老师要给同学们讲解整洁放置私人物品的意义，例如保持公共环境的整洁有序，不易与他人物品相混淆或丢失，在需要用的时候能快速找到，提高学习和生活效率，不给周围的同学添麻烦，提高物品的洁净度，等等。

老师还要给同学们讲解整洁放置公共物品的意义，例如保持公共环境的整洁有序，爱护公物使其不易受到损害，大家使用起来更加方便，使生活环境更加安全，培养自己良好的行为习惯，等等。

老师更要给同学们讲解不随意翻动他人物品的重要意义，例如尊重他人隐私，免除他人丢失物品后的尴尬，不影响他人使用物品，等等。

老师举例说明整洁放置物品和不随意翻弄或任意使用别人物品的各种经验教训，教育同学们要从小养成整洁放置物品的良好习惯。

2. 情景再现与纠错学习

老师组织同学们对自己放置物品和翻动别人物品的情况进行反思性学习，根据实例进行讨论，分析不良行为背后的思想根源，如“我和小李是多年的好同学，借用一下她的东西她应该不会在意的”“没想那么多，拿着就用了”“想着上课用的球体育老师会收的，就随意放那了”“自己的衣服记着放哪就行了，没想着放整齐点”，等等。老师要和大家一起分析，其实乱放物品和随意翻动别人的物品的行为是一种文明意识和规范行为的缺失。新时代的青少年就是要从点滴的小事做起，不断规范自己的行为，养成文明的习惯。

3. 集体学习与行为训练

同学们根据以上的学习，谈谈对“把东西放好并摆整齐”这件小事折射出的问题以及自己的体会。大家可在班长的组织下，想象各种场合的物品放置，如在书桌上的书、操场上的球、比赛场上的衣物等，讨论一下都该怎样摆放更好，让同学们培养自我规范和行为严谨的意识。

有序整洁地放置衣物
（作者：刘佳语；指导教师：张素玲）

4. 日常巩固与习惯养成

当同学们都已经对“放衣物，顿不乱，他人物，勿擅翻”的道理和正确的行为知晓之后，要帮助同学们将这些认识融入行为中，并逐渐养成习惯。老师要鼓励同学们在整齐放置物品方面互相学习和互相帮助，当看到有同学乱放物品或擅自翻弄别人的物品时，大家要及时进行提醒，被提醒的同学要虚心接受并及时改正。

# 二十二、爱公物，惜国产，物不抛，轻放搬

## 道德意涵解说

爱护我们的校园，爱护校园里的一草一木，是一个人自身道德修养的体现，也是社会公德在校园里的体现。社会公德是全体公民在社会交往和公共生活中应该遵循的行为准则。作为学生来讲，我们应以文明礼貌、助人为乐、爱护公物、保护环境、遵纪守法来要求自己，做一个好学生、好公民。

爱护公物是全体同学生活和学习的需要。“爱公物，惜国产”是说校园里的一切设施都是为全体学生服务的公物或者是国家财产，是让我们生活和学习更方便的设施，应该爱护和珍惜。如果大家都不爱护公物，那么必将给每位同学的生活和学习带来许多的不便和负面影响。“物不抛，轻放搬”是爱护公物的一个具体的行为表现，是一个良好的行为习惯。同学们要认识到：人为损坏公物的行为极不道德，一定会受到其他人的谴责。同学们应记住：“勿以善小而不为，勿以恶小而为之。”爱护桌椅、轻开轻关门窗等行为习惯看似简单，但意义重大。让我们从自己做起，从身边做起，从小事做起，养成爱护公物的好习惯，用心去爱护所有的公物。让我们人人都有一颗文明的公德心，成为一名新时代高素质的学生。

## （一）榜样故事

这是一张某学校体育馆外部的照片，吸引我们眼球的一定是整整齐齐挂在体育馆外架子上的独轮车。想什么时候去骑独轮车，它们就挂在那里，取用非常方便。仅从这个画面就可以看出该校学生对公物的爱护精神。公物的性质就是大家都可以使用。每个人用完公物，就应把它完好地归还原处，以方便后面的人（当然也包括自己）继续使用。如果我们用完公物，没有将其归还原处，甚至将其损坏，那不但会给别人带来麻烦，也会给自己带来麻烦。

乱扔公共物品
（作者：李祎萌；指导教师：王光）

## （二）主要错误

### 1. 野蛮搬运放置公物

有些同学搬放公物时总是没有放稳就撒手，甚至形成了扔的动作，既容易损坏公物，也造成很大的噪声。

### 2. 用脚踢踹公物

某些同学面对公物，受不良心理的驱使，总爱用脚去踢踹，行为既不文明，也污损公物。

### 3. 向墙上踢球（传球）

有些同学手拿篮球或足球，在面对体育馆或者楼道的墙壁时会下意识地往墙上传球或踢球，把墙上搞得都是球印，破坏了公共环境的整洁。

向墙上踢球
（作者：高梓含；指导教师：王光）

### 4. 不按要求脱鞋进场

有些运动场地为了保护地面材料或者为了满足卫生要求（如游泳馆、游泳池），是不能穿普通鞋进入的。但有些同学不能遵守规定，随意穿鞋进入场地，污染环境。

### 5. 使用场地后不带走垃圾

有些同学在使用完场地后不把产生的垃圾（如空饮料瓶、废纸、食品袋等）带走。

离开时不带走垃圾
（作者：李祎萌；指导教师：王光）

## （三）学习与培养训练

### 1. 道理讲解与认知学习

老师要给同学们讲解爱护公物的道理，还要着重分析不能爱护公物的原因。要告诉同学们爱护公物、不影响他人、厉行节约等都是中华民族的美德，更是新时代的学生都应该遵守的行为准则。老师要督促同学们在今后的行为上能以公共利益为上，以他人利益为上，做一个爱护公物、爱护公共环境的好少年。

### 2. 情景再现与纠错学习

老师让每个同学都对自己过去对待公物和公共环境的行为做出总结和反思，分析其中应该纠正的错误。还要分析为什么会出现这样的错误及其背后的思想根源，如“扔惯了，平时在家也是这样”“想着学校那么多的器材呢，坏了也是常事，是不是有人修啊”“没想到爱护公物背后有那么多的道理呢”“打扫垃圾不是有保洁的阿姨吗”“往墙上踢球当时就是为了好玩，确实把学校的墙弄得挺脏的”，等等。老师要和大家仔细分析，其实不能爱护公物也是源于自私和狭隘的心态，是缺乏对公物的爱护之心，因此要注意树立良好的公共意识，逐渐养成爱护公物和维护公共环境的好习惯。

### 3. 集体学习与行为训练

同学们根据以上的学习谈谈“善待公物”所折射出的问题和自己的体会。大家一起想象各种爱护公物和公共环境的情景，如在操场、游泳馆、体育馆、教室等地点爱护公物。然后大家一起做一些情景性行为练习，如模仿体育课上搬运和收拾器材，无论器材大小、轻重，大家都要努力做到不磕不碰、不抛不甩、轻拿轻放，以此强化同学们爱护公物的意识。

### 4. 日常巩固与习惯养成

当同学们都已经对“爱公物，惜国产，物不抛，轻放搬”的道理知晓之后，老师就要帮助同学们将爱护公物的举止巩固下来并逐渐养成习惯。老师还要鼓励大家在爱护公物方面互相学习和互相帮助，当看到同学不爱护公物时要及时提醒，被提醒的同学则应虚心接受并坚决改正，大家一起努力，成为爱护公物和公共环境的好学生。

爱护公物的良好行为
（作者：杨依童；指导教师：张素玲）

# 二十三、好竞技，讲友谊，好对手，惺相惜

## 道德意涵解说

体育竞赛具有对抗性强、竞争激烈的特点。比赛中的胜负固然重要，但良好的体育道德风尚更为重要。因此，它要求参加者既要顽强拼搏，勇于争胜，又要平等相处，互相尊重。参加者不仅要赢得比赛的胜利，还要依靠自身良好的品德赢得他人的敬重，切不可因为获胜就趾高气扬，傲慢无礼，甚至出现污言秽语，伤及对方的人格和尊严，也不能因为输了比赛就气急败坏，甚至做出损害对方尊严或身体健康的不道德行为。

比赛是体育的最大特征，任何体育项目都有比赛，因此要想学好体育，必须学会比赛。“好竞技，讲友谊”是说，比赛中要讲文明、讲友谊，对手打出好球也要为其喝彩，对手失误也不能有轻蔑的言行，这种“友谊和比赛一样重要”的竞技才是我们学校里最好的竞技体育；“好对手，惺相惜”的含义是有好对手，才有好比赛，一个人、一个队找到一个好的比赛对手，是难得的提高技能的机会，也是自己的幸运和幸福，所以要倍加珍惜，对手间也要惺惺相惜。

## （一）榜样故事

简·诺瓦·瓦尔德内尔，瑞典乒乓球运动员，是世界上第一位集奥运会、世乒赛、世界杯、欧锦赛冠军于一身的乒乓球大满贯运动员。他多次代表瑞典乒乓球队征战世乒赛，和中国的几代选手进行过较量。由于打球极具艺术性和多变性，在瓦尔德内尔长达30多年的运动生涯中，他又被称为“乒坛莫扎特”“乒坛常青树”和“游击队长”。

瓦尔德内尔与中国渊源颇深，少年时就曾来到上海训练，在其整个职业生涯中，更是与六代中国乒乓球运动员交过手。在中国，他是最受欢迎的瑞典人和最受欢迎的外国运动员之一，人们经常来看他打球。他打了30多年乒乓球，但仍然可以和小他10多岁的新生代选手抗衡，

中国球迷直接称呼他为“老瓦”。

瓦尔德内尔与中国队的情谊也在不打不相识中慢慢“打”了出来，他说自己曾与刘国梁打过很多精彩的比赛，也一起坐在北京三里屯的酒吧里喝过酒。瓦尔德内尔与刘国梁可以一起讨论乒乓球战术打法，会互请吃饭，他与中国队的赛场比拼并不影响场下的对手情谊。瓦尔德内尔曾说过，刘国梁不仅是他最尊敬的对手之一，也是他非常要好的朋友。而刘国梁在担任教练时也一直称赞瓦尔德内尔把乒乓球打成了艺术。

在东京奥运会乒乓球男单比赛马龙夺冠后，瓦尔德内尔也是第一时间发出祝贺。收到世界乒坛传奇的祝福，马龙表示非常激动：“能够得到瓦尔德内尔的祝福，非常开心，必须谢谢他。他是传奇，我小时候就看他的比赛，就连孔令辉教练、刘国梁教练也看他的比赛。”

## （二）主要错误

### 1.“比赛第一”的思想过盛

有的同学过分在乎比赛的胜利，忘记了体育“友谊第一，比赛第二”的宗旨，陷入了竞争至上的误区。

赛场上不礼貌
（作者：李灵犀；指导教师：王光）

### 2. 比赛中的礼仪礼貌不好

有的同学在比赛的过程中，没有表现出对对方队员的礼貌和尊重，如鞠躬与握手不真诚、表情不热情、肢体语言不友好等。

### 3. 不文明的语言甚至污言秽语

有个别的同学在比赛激烈的时候，会对对方队员有不文明的语言，甚至是污言秽语，严重影响比赛的氛围。

赛场上不文明的语言
（作者：陈奕璇；指导教师：王光）

### 4. 做出危险的动作

有的同学在比赛中动作粗野，做出可能伤害对手的危险动作。

### 5. 比赛、观赛时的不文明举止

有些同学当对方在比赛中出现失误时表现得不友好，做出嘲讽、起哄、鼓倒掌等动作。

比赛中做危险动作
（作者：金源；指导教师：王光）

## （三）学习与培养训练

### 1. 道理讲解与认知学习

老师要给同学们讲解为什么提倡“友谊第一，比赛第二”，用“场上是对手，场下是朋友”的诸多生动事例说明体育比赛的真谛是友好的交流和公正的比拼，告诉同学们“友谊第一，比赛第二”是中国运动员提出的，友谊比赛的精神是中华民族“以和为贵”思想的集中体现。我们新时代的中小学生应该坚持这样的思想和体育精神，在场上尊重对手，与对手友好相待，还要虚心向对方学习，做一个文明礼貌的体育比赛和观赛的参与者。

### 2. 情景再现与纠错学习

老师可以让每个同学都对自己过去参赛或观看比赛时的行为做出总结和反思，分析其中应该纠正的错误。还要分析为什么会出现这样的错误及其背后的思想根源，如“比赛嘛，对方就是对手，是敌人，哪那么多友谊啊”“比赛一激烈，什么都忘了”“犯规是正常的呀，该犯规就犯规嘛”“对方动作也很粗鲁”“一不小心脏话出来了，还是平时不太注意”，等等。老师要和大家仔细分析，其实比赛的不文明是缺乏仁爱之心和平时的习惯不太好等原因导致的，也是缺乏对比赛中的友情的理解。因此要注意树立正确的比赛道德和行为规范，把赛场变成结交朋友和增进友谊的场所。

### 3. 集体学习与行为训练

同学们根据以上的学习，谈谈“比赛与友谊”所折射出的问题以及自己的体会。然后，大家一起想象各种比赛中文明行为的场景，如赛前的互相行礼、比赛后的握手致意、文明的加油语言和口号、对方摔倒时的立即扶起、自己犯规违例后的举手示意、对裁判判决有争议时的表达方式，等等。然后大家一起做一些情景性行为训练，如模仿比赛中的各种特定的情景，大家努力做到在比赛和观赛时都要把友谊放在心中，把文明落实在言行上。

文明友好地比赛
（作者：刘梓丹；指导教师：张素玲）

### 4. 日常巩固与习惯养成

当同学们都已经对“好竞技，讲友谊，好对手，惺相惜”的道理知晓之后，就要帮助同学们将文明参赛、观赛的行为举止巩固下来并逐渐养成习惯。老师还要鼓励大家在文明比赛、观赛方面互相学习、互相帮助，当看到同学不文明参赛、观赛时要及时提醒，被提醒的同学则应虚心接受并坚决改正，大家一起努力，使自己和班集体的同学成为热情、文明、友好的好学生。

# 二十四、好比赛，拼实力，小动作，不可取

## 道德意涵解说

团结互助、关心集体、维护大局、共同进步，这是运动员应具备的道德品质。运动员对教练员、裁判员以及与运动员之间，都要团结一致、互相帮助、平等对待。关心集体胜过关心自己，这是对运动员的要求。团结奋斗、同心协力、发扬集体主义精神是夺取胜利的关键。胜不骄、败不馁、相互尊重、虚心学习、总结经验并不断提高运动水平，这是运动员应有的基本素质。一场精彩的竞技比赛，靠的是运动员自身的训练基础和积淀已久的心理素质，而不是比赛当中恶意犯规的小动作。

"好比赛，拼实力"是说激烈而精彩的比赛，一定是高水平技战术的大比拼，而精湛的技战术表现一定是依托在平时的刻苦训练之上的，比赛实际上就是技战术训练实力的比拼。"小动作，不可取"的意思是：在一些不好的比赛中，可以看到一些与比赛的真正目的不协调的不良现象，一些运动员会踢打、拉扯、冲撞对方运动员，甚至搞些小动作，企图在裁判员的眼皮底下投机取巧。这些小动作的背后实际上是严重的思想道德问题，久而久之，常做小动作的人会养成耍赖的习惯，在未来的生活中去不断地投机取巧，蒙骗他人。想一想，这个人会有好朋友吗？会得到别人的信任吗？会得到大家的尊重吗？因此"小动作，不可取"。我们每位同学都应从比赛的公正和公平做起，成为一个诚实、善良的好孩子。

## （一）警示案例

据《东周列国志》记载，战国时期著名的军事家孙膑和庞涓出自同一个老师——战国时期的谋略家鬼谷子，同学期间，两人的关系非常好，还曾经结拜为兄弟。

当他们学业初有成就的时候，庞涓就下山投奔魏王，并且做出了一番成就，很得魏王赏识。在这期间，孙膑仍然向鬼谷子刻苦学习。几年之后，庞涓知道孙膑的才能在他之上，暗地派人将孙膑请到魏国加以监视，后来更设计陷害他，害得孙膑被刺面和削去膑骨，只能坐在轮椅上，难以上战场指挥作战。之后在齐国使者的帮助下，孙膑逃到了齐国，并最终带领齐国军队在马陵道大胜魏军。庞涓在马陵道被齐军包围，自知失败而自杀，害人最终害了自己。

## （二）主要错误

不刻苦训练
（作者：马持；指导教师：王光）

比赛中的小动作
（作者：杨雨彤；指导教师：王光）

### 1. 不努力学习，不刻苦锻炼

比赛中出现不文明行为很多时候是因为参赛者平时训练不够，技战术训练不刻苦、不细致，使得自己技不如人，比赛时处于劣势，进而心态失衡导致的。

### 2. 为了胜利投机取巧

因为自己技不如人，又想取胜，个别同学就想投机取巧，用一些不公平的方法去增加取胜的机会。

### 3. 各种不良的小动作

某些同学在比赛中使用一些不正当的犯规动作和小动作阻碍对方运动员技战术水平的正常发挥，甚至会伤害对方，这些都是很不好的行为。

### 4. 做了无意的侵害行为后不主动道歉

有些同学在比赛中无意中将对方绊倒、撞倒后，不主动扶起对方，也不示意道歉，显得既不友好，也不文明。

### 5. 明知犯规不勇于承认

有的同学在比赛中发生明显的犯规后没有主动示意裁判，缺乏承认犯规的勇气。

比赛中的小动作
（作者：杨雨彤；指导教师：王光）

## （三）学习与培养训练

### 1. 道理讲解与认知学习

老师要结合前一条的内容，继续给同学们讲解为什么学校体育要大力提倡“友谊比赛、文明比赛、实力比赛、教育性比赛”的道理。讲解“比赛也是教育过程，也是自我教育、自我修炼过程”的道理，告诉同学们学校中所有比赛都是“友谊第一、教育第一、规则第一”。新时代的中小学生应该自觉学习和领会正确的体育精神和文明的参赛、观赛行为举止，通过比赛培养自己友好而公正的竞技精神。

### 2. 情景再现与纠错学习

老师可以让每位同学都对自己过去参赛和观赛时的行为做出更加全面的总结和深刻的反思，分析其中的优点、不足乃至需要改正的错误，分析出现这样的错误背后的思想根源等。

### 3. 集体学习与行为训练

同学们根据以上的学习继续讨论什么是比赛中的教育，什么是教育性的比赛，这样的比赛应该是怎样的，我们在这样的比赛中应有怎样的行为，然后大家一起做一些情景性行为训练，模仿比赛中的各种特定的场景，分析其中的文明行为、友好行为应该是怎样的，也要分析那些不友好、不文明的行为，还要互相鼓励，改正那些经常出现的缺点。

### 4. 日常巩固与习惯养成

当同学们都已经对“好比赛，拼实力，小动作，不可取”的道理知晓之后，就要帮助同学们将文明参赛、观赛的行为举止巩固下来并逐渐养成习惯。老师还要鼓励大家在文明比赛、观赛方面互相学习和互相帮助，当看到同学有不文明、不友好的行为时要及时提醒，被提醒的同学则应虚心接受并坚决改正，大家一起努力，成为热情、文明、友好的学生。

良好的比赛行为
（作者：张觉；指导教师：张素玲）

# 二十五、赛前后，必行礼，同伴倒，必扶起

## 道德意涵解说

《礼记·曲礼》中有这样的论述："道德仁义，非礼不成；教训正俗，非礼不备；分争辩讼，非礼不决。"礼不仅是一种思想，还是一系列行为的准则，制约着人们的行为。有礼，才能使整个社会生活秩序化、和谐化。体育礼仪是指在体育比赛中，以道德为核心，按一定的程序和竞赛规则来体现公平竞争、律己敬人的行为准则和规范，它是现代体育文明的重要标志。现代体育礼仪的内涵是以文明和道德风尚来捍卫和弘扬"相互了解、友谊、团结和公平竞争"的体育精神。只有运动员懂礼仪、自觉地践行礼仪，才能遵守规程、尊重裁判、尊重对手，从而最大程度地展示个人风采。

所有体育比赛前后，都有相互行礼的礼仪：有的击掌致意（如冰球、排球），有的一一握手（如乒乓球、足球），有的行鞠躬礼（如柔道、跆拳道、棒球），有的相互拥抱（如女子高尔夫、拳击），有的用器械相碰行礼（如击剑），有的行抱拳礼（如中国武术），有的行合十礼（如泰拳），有的行跪姿礼。行礼的方式可谓多种多样，带着世界各国的历史、文化背景。但无论怎样的礼仪，其含义都非常简单：承蒙切磋，向你学习。"赛前后，必行礼"是说，体育比赛的学习也是待人态度的学习，因此比赛前后的行礼都要有发自内心的尊重、友爱和虚心，都要体会在行礼过程中浓浓的友情。"同伴倒，必扶起"是在赛场中对待同伴和对手的一个文明行为的缩影，社会上有"扶不扶"的困惑，赛场上也有"扶不扶"的差距。扶起对手，实际上就是扶起了赛场的文明，扶起了自己内心的友善，扶起了双方的友谊，扶起了真正意义上的体育。

## （一）榜样故事

奥林匹克精神和体育精神除了“更快、更高、更强——更团结”，还有没有其他内涵？在万众瞩目的奥运会赛场上，如果你的同伴或者对手突然意外摔倒，这时候你会怎么做？你是置之不理继续往前，还是把他扶起来一同完成比赛？2016 年里约奥运会田径女子 5000 米预赛第二组中出现的一幕就很好地解答了这一问题：新西兰选手尼基·汉布林在比赛过程中不慎摔倒，还带倒了美国选手阿贝·德·阿戈斯蒂诺，阿戈斯蒂诺迅速起身，但她并没有为了成绩马上去追赶前面的选手，而是转身将汉布林扶起来，两人相互帮助，共同完成了比赛。当然，受到这件事的影响，两人最终的成绩并不好。但是现场裁判经过商议，一致同意两人获得决赛资格，因为在她们身上体现了真正的奥林匹克精神。

国际奥委会在《奥林匹克宪章》中“奥林匹克主义的原则”条款中有这样一段话：“每一个人都应享有从事体育运动的可能性，而不受任何形式的歧视，并体现相互理解、友谊、团结和公平竞争的奥林匹克精神。”这才是真正的体育精神。相互扶持、相互帮助、共同提高，才是我们应该从体育运动当中学到的东西。

## （二）主要错误

### 1. 赛前赛后行礼不正规、不正式

有的同学忽视赛前赛后的行礼，行礼不正规，敷衍了事，没有充分体现出对对手的尊重。

赛前赛后的礼节不规范
（作者：黄悠旸；指导教师：王光）

### 2. 当有人摔倒时不能主动去搀扶

有的同学在比赛中当有人在身边摔倒时，未能主动去扶起，没有显示出关爱同学的友好精神。

### 3. 其他对对手的不友好行为

有些同学在赛前赛后对比赛对手做出不友好行为，如不友好的语言、眼神、手势等。

不扶起对手
（作者：王悠旸；指导教师：王光）

比赛中的不友好行为
（作者：马持；指导教师：王光）

## （三）学习与培养训练

### 1. 道理讲解与认知学习

老师要给同学们更深入地讲解文明比赛的教育意义，用诸多生动事例说明体育比赛的真谛是友好的交流、公正的比拼以及共同的挑战，用更多的事实告诉同学们“友谊第一，比赛第二”是真实存在并且很美好的，让同学能更加自觉地坚持这样优秀的体育思想和文明的行为。

### 2. 情景再现与纠错学习

老师可以让每位同学继续深入地对自己过去参赛、观赛时的行为做出总结和反思，认真分析其中的错误和缺点，还要分析为什么会出现这样的错误，真正从内心深处养成良好的比赛道德和行为规范。

### 3. 集体学习与行为训练

同学们根据以上的学习谈谈对“球场上扶不扶与社会生活中的扶不扶”的关系及自己的体会。然后，大家一起想象各种体育比赛和社会生活中的文明行为和友好行为，再做一些情景性行为训练，模仿体育比赛和社会生活中的各种特定情景，把文明的行为记在心中。

### 4. 日常巩固与习惯养成

当同学们都已经对“赛前后，必行礼，同伴倒，必扶起”的道理知晓之后，就要帮助同学们将文明参赛、观赛的行为举止巩固下来并逐渐养成习惯。

文明和友好的比赛礼仪
（作者：沈美安；指导教师：张素玲）

# 二十六、纪律守，规矩明，禁必止，令必行

**道德意涵解说**

孟子曰："离娄之明，公输子之巧，不以规矩，不能成方圆。"规，指正圆之器；矩，指正方之器。无矩不成方，无规不成圆，校正方圆，是谓规矩。这句名言流传至今，它的意思已经延伸到了生活中的方方面面，成了我们工作、学习、为人处世等赖以遵循的法则。大千世界，纷繁复杂。如果没有一定的规矩就没有秩序，我们就无法找到一个可以遵循的标准，就会乱成一团，也就无从谈论家国及社会的安定。所以，我们少不了规矩，少不了制约和限制我们行为的各种准则。没有了学校的规章，学生就不可能安心上学；没有了公司制度，就不能规范员工的行为；没有了法律，就无法制约犯罪。

"纪律守，规矩明"是说每个同学在学校里的各种体育活动中都要守纪律，讲规矩，讲规则。在体育活动中，遵守纪律有着特别重要的意义。体育活动中有很多竞技的内容，只要是竞技就必须有公正和公平，而公正和公平必须有合理细致的规则来保证。同学们进行运动竞赛的学习，其中很大一部分内容就是要学习守纪律和讲规则，养成遵守纪律的好习惯。"禁必止，令必行"是说，在纪律和规则面前没有讨价还价的余地，没有挑三拣四、部分执行的余地，也没有拖一拖再执行的余地，只能是立即执行、完全执行、无条件执行。因为纪律和规则都是众人的约定和集体的共识，不遵守规则就意味着远离了大家、脱离了集体。

## （一）榜样故事

《史记·孙子吴起列传》记载，孙武去见吴王阖闾，吴王提出让孙武操练宫女，看看他的指挥能力，孙武答应了。于是吴王选出180名宫女，分为两队，并且让他的两个宠姬担任队长。

刚开始的时候，孙武让宫女们练习走队列，并用鼓声指挥。宫女们边走边笑，重复多次之后也没有好转。孙武说道：“规定已经说清，仍然不按规定来做，就是军士的过错。”于是他将两个队长斩首。宫女们见到后再也不敢嬉笑，队列也走得整整齐齐。吴王见识到了孙武的能力，最终拜他为将。

## （二）主要错误

不遵守学校课堂纪律
（作者：李欣雨；指导教师：王光）

### 1. 不遵守学校体育课堂纪律

有的同学不服从老师的口令和指挥，不按课堂纪律行事，随便行动，行为自由散漫，不能做到令行禁止。

### 2. 不遵守比赛规则

有的同学在集体比赛中不能遵守规则，经常抢跑和违规，破坏了赛场上的秩序。

### 3. 忽视老师和同学的提醒

当别人对自己不遵守纪律的行为给予提醒或批评时，有的同学不能虚心接受，或置若罔闻，或用不正确的说法为自己辩护。

### 4. 不服从班干部的指挥

有的同学面对老师的指令还能服从，但当面对班干部的指挥时却不能很好地服从，甚至会与班干部发生争执。

不遵守比赛规则
（作者：陈思贝；指导教师：王光）

不服从班干部的指挥
（作者：石佳妮；指导教师：王光）

## （三）学习与培养训练

### 1. 道理讲解与认知学习

老师要给同学们讲解人为什么要遵守纪律，一个和谐的社会为什么要有很多的规矩。“不以规矩不能成方圆。”这句话是说一个群居的社会如果没有大家共同的约定和共同的约束，那将是一个何等混乱的世界。如果每个人都因为强调自己的自由而违反共同约定形成的纪律，那么首先失掉的就是大家的自由，其中必然也包括违反纪律的人的自由。体育是基于规则（就是规矩和纪律）而建立起来的竞争性文化，如果没有了规矩，也就没有了体育。因此，同学们应该通过体育的教育形成对规则的深刻认识，养成遵守纪律的良好习惯。

### 2. 情景再现与纠错学习

老师组织同学们对自己过去在上体育课、做大课间操、进行运动训练以及参加班级联赛、参加学校运动会、外出参加体育活动时的遵守纪律情况进行总结和反思，大家共同指出违反纪律和不遵守规则的情况，分析其中的错误，思考出现错误背后的思想根源，如“就是动作慢了点，和同学说几句话不算违反纪律吧”“小张、小王总说我，让我特别没面子，就跟他们吵架了”“看见很多人都抢跑，觉得不抢跑就吃亏了”“觉得班长总是瞎指挥，不想听他指挥”，等等。老师要和大家仔细分析，其实不遵守纪律是个很严重的缺点，长此以往，就会忽视公序良俗，成为在社会上不受欢迎的人，甚至成为社会上的不安定因素，并以此指出同学们遵守纪律必须从小事做起。

### 3. 集体学习与行为训练

请同学们根据以上的学习谈谈对“体育规则和社会规则的关系”的看法及自己的体会。然后，大家一起想象各种体育规则及社会规则（包括法律法规）的场景，如抢跑与抢红灯、谎报成绩与欺诈行为，等等。大家一起做一些假设情景性的学习，强化处处遵守纪律的意识。

### 4. 日常巩固与习惯养成

当同学们都已经对“纪律守，规矩明，禁必止，令必行”的道理知晓之后，更重要的工作就是帮助同学们将时时刻刻遵守纪律的行为举止巩固下来并逐渐养成习惯。老师还要鼓励大家在遵守纪律听指挥方面互相学习和互相帮助，当看到同学有不遵守纪律的情形时要及时提醒，被提醒的同学则要虚心接受并坚决改正。大家一起努力，成为遵守纪律、遵守规则的好学生。

服从纪律的良好行为
（作者：史慧妍；指导教师：李文玉）

# 二十七、人不幸，表同情，人有弱，不欺凌

## 道德意涵解说

友善是中国传统文化的重要组成部分，属于道德范畴。所谓友善，便是由家庭亲情而推广到社会与国家中去的一种为人之道。在别人遭遇不幸或变故时，要真正地从内心表示同情，并能感同身受。而在生活中、工作中、学习中遇到有困难的人，应该给予帮助而不是欺辱。

在体育活动中也存在弱势群体，有些同学个子矮、体形差、身体素质不好、学习技能有困难，甚至身体轻度残疾，他们在参加体育活动时会遇到很多困难，甚至在体育活动中受到歧视和不公平的待遇。久而久之，他们可能就会惧怕体育、躲避体育，最后远离体育，这会对他们的身体发展和运动技能的形成造成障碍，进而影响他们一生的健康生活。因此，我们在体育活动中必须要有同情心，尊重同学，不要去伤害同学，还要力所能及地努力去帮助他们。生活中已有许多这样的感人事例，同班同学轮流背着伤残的同学去上学，陪着受伤的同学在体育场上参加体育活动，在体育锻炼时互相帮助，照顾落后的同学，等等。这就是我们所说的“人不幸，表同情，人有弱，不欺凌”的含义。

## （一）榜样故事

有一天，俄国作家屠格涅夫正在路上走，一个穷人上前央求他说 “我肚子饿了，请您给我一点钱，好买面包吃。” 屠格涅夫很同情穷人，回答说：“好！” 就伸手到衣袋里去摸，可是袋里空无一物，连一条手帕也没有。屠格涅夫对穷人说：兄弟啊！对不起！对不起！我没有带钱出来。” 那个穷人说：“谢谢你！谢谢你！” 屠格涅夫感到既惭愧又惊奇，就问他说：

"你感谢我是什么意思呢？我连一文钱都没有给你啊！"穷人说："我谢谢你救了我的性命！我 40 年来就因为贫穷被社会遗弃，所以一直想去自杀。你是第一个叫我'兄弟'的人，使我内心感到温暖。"

## （二）主要错误

### 1. 面对别人的痛苦说风凉话

有的同学面对他人的痛苦缺乏同情心，还说一些冷嘲热讽的话，显示出冷漠的心态。

冷漠对待别人的不幸
（作者：马持；指导教师：王光）

### 2. 面对同学的困难不热心帮助

有的同学面对一些遇到困难并需要帮助的同学时，在能予以帮助的情况下，不提供帮助或者不热心帮助。

### 3. 歧视运动技能差的同学

受先天遗传等因素的影响，很多同学在运动能力方面表现较差，学习体育易碰到困难。有些同学表示出歧视的态度，比如不愿和他们同组，不屑和他们一起比赛，等等。

不热心帮助同学
（作者：刘欣雨；指导教师：王光）

### 4. 围绕同学的身体缺陷起外号

个别同学还对一些有体态和生理缺陷的同学起有歧视性和侮辱性的外号。

### 5. 欺凌弱小的同学

个别同学在体育活动中有欺凌弱小同学的现象，甚至是集体性的欺凌，这是很严重的问题。

欺凌弱小的同学
（作者：原浩宇；指导教师：王光）

## （三）学习与培养训练

### 1. 道理讲解与认知学习

老师要给同学们讲解为什么要有同情心的道理：每个人都会有不同的弱点，都会在不同的时期遇到各种困难，也没有永远都不需要别人帮助的人。如果我们生活在一个没有同情心的世界里，那么每个人都会感受到有了困难而无人帮助和无人关心的痛苦，因此同情心是人类共有的财富。老师可以用诸多生动事例说明同情别人、关爱同学的温暖，告诉同学们同情和关爱都是中华民族的传统美德，新时代的中小学生应该继承这样的美德，平时与同学们友好相待，养成仁爱之心，成为一个善良的人。

### 2. 情景再现与纠错学习

老师可以让每位同学都对自己过去对待同学的行为做出总结和反思，分析其中有哪些不对的地方。老师还要引导同学们分析为什么会出现这样的错误，分析其背后的思想根源，如“觉得那些困难都是有原因的，可怜之人必有可恨之处嘛”“只是觉得好玩，他个儿矮就给取了个外号”“想着那么多同学呢，凭什么非要我帮助他呢”，等等。老师要和大家仔细分析，其实缺乏同情心也是缺乏道德和教养的表现，是一个人的重大缺陷，因此必须要引起重视，从身边做起，把班集体变成友好、温暖的大家庭。

### 3. 集体学习与行为训练

同学们根据以上的学习谈谈“同情心”所折射出的问题以及自己的体会。然后，大家一起想象在学校生活中各种需要同情，需要帮助同学的场景，想想身边的同学可能会遇到生活的不幸和学习的困难，例如家庭变故、自己得病或受伤、学习上的挫折，等等。想想我们作为同学，要如何去帮助这些同学；还要想想每个人的特长和不足，如人有高矮、强弱等，如果大家都在自己擅长的地方以强欺弱，那么这个集体会变成怎样的情形。然后，大家一起做一些互帮互助的拓展训练，体验性地学习互相帮助的可贵，使大家把“同情”“怜悯”“帮助”“温暖”“支持”“依靠”等概念转化成切身的感受记在心里。

同情爱护同学的良好行为
（作者：高菡；指导教师：李文玉）

### 4. 日常巩固与习惯养成

当同学们都已经对“人不幸，表同情，人有弱，不欺凌”的道理知晓之后，更重要的工作就是帮助同学们将同情弱者、关爱同学等文明举止巩固下来并逐渐养成习惯。老师还要鼓励大家在相互关爱方面互相学习和互相帮助，当看到同学有嘲讽和欺凌其他同学的不良行为时一定要及时地提醒，被提醒的同学则要虚心接受并坚决改正。

# 二十八、多动脑，三思行，多探究，变聪明

**道德意涵解说**

任何一项运动，即使是最简单的一个技术动作，都是由大脑的中枢神经支配着全身的肌肉来完成的，运动员在竞技场上表现出的精湛技艺犹如博物馆展出的艺术品让人赏心悦目。体育和其他行业一样，都需要运动员具备一个聪慧的大脑，除此之外，还要具备发达的肌肉以及协调、灵敏、柔韧、平衡的身体素质。这是体育真正的魅力所在。

“多动脑”“多探究”是说在体育学习中要进行探究性的学习，学习过程不是被动学习，而是迎着问题去学习，要不断地在头脑中形成一个一个“为什么”，边思考，边听讲。“三思行”是指在决定之前，在采取行动之前，都要多想想。先想想为什么要做这件事，这件事是正确的吗？再想想要做什么，这件事有几方面的工作，有什么遗漏没有。最后想想怎么做，怎样才能把这件事做好。如果我们能将“多动脑，三思行，多探究”变成习惯，那么我们就能变得越来越聪明。

“多动脑，三思行，多探究，变聪明”是想告诉同学们：在体育活动中不能不动脑子、不想问题。如果我们在体育学习中不动脑子，不善于思考，那可就真的变成“四肢发达，头脑简单”的人了。体育中有许多的知识和原理需要学习和探究。通过思考性和探究性的体育学习，不但能让我们掌握技能，掌握运动规律，还能促进我们左右脑的协调发展，使我们更聪明。

## （一）榜样故事

里约奥运会乒乓球男子单打决赛的时候，有个台湾网友纳闷地在论坛问：“中国队后面那个胖子是官员吗？看样子整场就他不懂桌球（这里桌球指乒乓球）。”一时间这个“不懂打球的胖子”火遍了全球。而这个台湾网友不知道的是，他口中这个“不懂打球的胖子”曾经横扫

世界男子乒坛，是中国在乒乓球这个“国球”项目第一个集世界杯、世锦赛、奥运会三大赛男子单打冠军于一身的大满贯运动员，还拿到过团体、男双、混双等所有乒乓球项目的世界冠军，在人才济济的中国乒乓球界有着“智多星”的美誉，他就是刘国梁。

刘国梁采用的是中国队传统的直拍快攻打法，这个打法曾经领先世界多年。而在他 1989 年进入国家乒乓球队的时候，由于欧洲运动员在横拍技术上的改进弥补了薄弱环节，同时直拍打法反手进攻薄弱的问题一时难以克服，以瓦尔德内尔为首的欧洲运动员已经压制了中国队近十年时间。在这危急的时候，教练让刘国梁在直拍的背面也贴上胶皮，使用直拍横打的新技术。新技术的使用并没有让刘国梁马上取得好成绩，反而在国内比赛中输给了很多原来不会输的对手。刘国梁并不气馁，不服输的个性加上喜欢琢磨的特点，使他在直拍横打的技术上动起了脑筋，琢磨出了直拍横打的发力技巧，还发明了背面发球等新技术，三年后，他练成了直拍横打的技术。与此同时，刘国梁还不断琢磨对手们的球路，考虑自己该如何应对、如何变化、如何克敌制胜。

1992 年，16 岁的刘国梁第一次对阵瓦尔德内尔，他使用新技术出战，并辅之以变化多端的球路，获得了中国队对瓦尔德内尔久违的胜利，并从此开始了 1992 年到 1999 年对瓦尔德内尔的六连胜。他带领队友们重新回到世界男子乒乓球之巅，重新开创了“乒乓王朝”并延续至今。



## （二）主要错误

不爱思考问题
（作者：高梓涵；指导教师：王光）

不积极思考和回答问题
（作者：陈思加；指导教师：王光）

### 1. 不爱思考问题

有些同学总觉得体育就是运动，所以在体育课中总是以简单的模仿和机械的练习为主，大脑的思考没有参与其中。

### 2. 想问题不深

有些同学虽然学习体育动作技能时有观察也有记忆，但利用所学的知识对运动技能的分析和思考的深度不够，缺乏举一反三的能力。

### 3. 不爱提出和回答问题

老师经常会提出一些值得思考的问题让同学们思考并回答，但有的同学不愿意思考，更不愿意回答问题，在体育学习中处在被动的状态。

### 4. 不积极参与集体思考

集体思考是进行探究学习和增强同学间合作学习的重要内容和途径。有些同学在集体讨论问题时不积极，对大家的探究和讨论表现出事不关己，高高挂起的态度。

5. 不善于思考问题，不能紧紧地围绕问题进行思考

有些同学爱思考，但不会思考，经常是东想西想，偏离主题。

6. 遇事慌张乱了方寸

有些情况紧急的时候，人需要镇静，只有保持冷静才能想出好的对策。而有些同学遇事就容易慌张，束手无策，甚至忙中出错，只能任凭事情朝更坏的方向发展。

不善于思考问题
（作者：张卓然；指导教师：王光）

## （三）学习与培养训练

### 1. 道理讲解与认知学习

老师要给同学们讲解探究学习和集体思考的意义，举例说明善于思考和善于集体思考可以帮助人取得成功，讲解“三思而后行”在生活和学习中的重要意义。老师要给同学讲清：善于思考和创新是中华民族的光荣传统，也是新时代的中小学生应该具有的优良品质，应该从小注意培养自己善于思考的好习惯。

### 2. 情景再现与纠错学习

老师可让某些同学对自己以往想问题的情景做出回顾，大家一起找出其中的优点和不足，还要分析为什么会出现不足，如“自己觉得明白了，就没有往深处想”“觉得有些问题不要想得太多，简单一点为好”“觉得太费脑子，懒得想”“当时全慌了，本来很容易的事也不知道该怎么做了”，等等。老师要抓住时机告诉大家，其实这些思想的背后还是缺乏对思考和探究的认识，也缺乏思考的方法，有时也缺乏思考的训练，归根结底还是一种思想和行为上的懒惰。要努力克服这些不正确的思想和改变不正确的行为方式，有意识地培养自己勇于思考和善于思考的习惯和能力。

### 3. 集体学习与行为训练

同学们根据以上的学习谈谈“应该如何思考”和自己的体会。然后，大家在老师或者班长的组织下，想象各种情况下的思考，如学习技术的思考、研究战术的思考、设计健美操展示的思考，等等。还可以找出一些平时不太明白的体育问题进行思考的训练，如“乒乓球、网球和羽毛球的步伐有什么区别和共同点”“篮球比赛的最后阶段该不该犯规，什么样的犯规不能做”，通过这些训练

正确的集体思考
（作者：张子琪；指导教师：李文玉）

使同学们体会思考的要领和集体思考的乐趣。

#### 4. 日常巩固与习惯养成

当同学们都已经对“多动脑，三思行，多探究，变聪明”的道理知晓后，老师要帮助同学们把善于思考的态度和行为巩固下来并逐渐养成习惯。老师要鼓励同学们在集体思考的行为方面互相学习、互相帮助，当看到同学不认真思考的时候要及时进行提醒，做得不好的同学要虚心接受并努力改正。大家一起努力，使班集体里的每个同学都因为善于思考而变得更加聪明。

### （四）拓展阅读

有智者说：提出一个问题往往比解决一个问题更重要，因为解决一个问题有时也许是一个科学上的实验技艺。提出新的问题、新的可能性，以及从新的角度看旧的问题，都需要有创造性的想象力。学生的学习是从无疑到有疑，从有疑到无疑的过程。学起于思，思源于疑。思考起于疑问，必须善于质疑。古人说：“学贵知疑，小疑则小进，大疑则大进；疑者，觉悟之基也”。因此，在学习过程中不要迷信和盲从，要不唯书，不唯上，不唯师，只唯实。敢于质疑，敢于否定，带着问题边学习边思考，形成自己独到的见解。

第六篇

# 户外体育活动中的文明行为

# 二十九、在水边，勿乱欢，雅观赏，境如仙

## 道德意涵解说

我国有很多壮美的山水，这是同学们进行郊游、野营等体育锻炼的良好环境，让我们能够欣赏大自然美景，每个热爱大自然的同学都应该珍惜自然、爱护自然、保护自然。自然水域非常宝贵，我们要好好爱护自然水域，不能往水里抛石块，不可把果皮纸屑、杂物弃置在河边或抛入水中。我们还要爱护水边的花草树木和水边的设施，如亭廊水榭等建筑物，不可污染、损毁环境，更不能在设施上乱写、乱画、乱刻。同学们还要尽量保持风景地带的静谧气氛，不要大声喧哗，嬉笑打闹，以免影响他人。水边也是一个危险的地带，隐藏了多种危险因素。因此请同学们要牢牢记住“在水边，勿乱欢，雅观赏，境如仙”。

## （一）警示案例

位于四川省阿坝州的九寨沟是我国著名的风景名胜区，入选世界自然遗产、国家地质公园，“九寨归来不看水”是对九寨沟景色的真实诠释。泉、瀑、河、滩以及108个海子，构成一个个五彩斑斓的瑶池玉盆，黄龙风景名胜区内的五彩池钙华滩就是其中最漂亮的美景之一。钙华滩是由富含大量矿物质的水体从地下溢出地表，在沟道或者是一些斜坡地表，一定范围内发生了化学沉淀之后形成的钙华堆积形成的一种自然的景观，具有很高的科学和美学价值。钙华十分脆弱，甚至用手指一碾就能粉碎，而钙华的形成不仅需要严格复杂的自然条件，它的形成速度也十分缓慢，厚度每一年最多增加几毫米，一旦遭到破坏，几乎无法修复。2020年11月18日傍晚，部分游客不顾景区警示标牌的提示，擅自翻越护栏进入钙华保护地带拍照，在景区工作人员发现并制止之后才离开，但是已经给钙华池带来了严重的损坏，令人十分痛心。

不明水情下水活动
（作者：王子陈；指导教师：王光）

向水里扔东西、倒饮料
（作者：李祎萌；指导教师：王光）

观景后留下垃圾
（作者：王轩仪；指导教师：王光）

## （二）主要错误

### 1. 随意下到水中玩耍

有些同学在不明水情、没有安全防护的情况下，就到水中玩耍、游泳，既不卫生也不安全，有的还违反公共规则。同学们一定要杜绝此类情况发生。

### 2. 向水里投掷各种东西

有些同学向水中投掷各种东西，污染水域的同时也容易造成安全隐患。

### 3. 在水边留下垃圾

有些同学在水边尽情游玩之后，留下各种垃圾，没有将其收集在垃圾袋中带走，严重影响环境卫生。

### 4. 其他各种不文明举止

有些同学还在水边做出其他的不文明行为和危险举动，如向水里吐痰、倒入喝不完的饮料，自己占据许多地方影响他人观景和活动，等等。

## （三）学习与培养训练

### 1. 道理讲解与认知学习

老师要给同学们讲解为什么要规范自己在水边的行为：一是为了安全，防止溺水等事故发生；二是为了保护环境，让景色更美丽；三是为了公共秩序，让大家都能舒心地观赏水景。老师可用各种在水边发生的事故和不文明事例，说明在水边做一个文明守规则的观景人是何等重要，告诉同学们“美是大家共同创造和维护出来的”，新时代的中小学生应该具有文明礼貌的行为和安全的意识，要有强烈的热爱自然和保护环境的思想和胸襟，做一个与美好的自然景色和谐共存的文明人。

### 2. 情景再现与纠错学习

老师可以让每位同学针对自己过去在各种水域、水景活动游览时的行为做出总结和反思，指出和分析自己行为中的不足和应该纠正的错误，还要分析出现错误的思想根源，如“大家都往水里扔石头，自己也扔了”“旁边没有垃圾桶，就把垃圾集中一下放在那里了”“想着那里应该有人收垃圾吧”“我们早到的，多占点地方也是应该的吧”，等等。老师要和大家仔细分析，其实这些不文明行为的背后是自私的思想和不注意安全的思想在作祟，应该从根本上加以克服。

### 3. 集体学习与行为训练

请同学们根据以上的学习谈谈对“与美景相匹配的美好行为”的体会。然后，大家一起想象在各种水域和水景活动游览时的文明行为和安全行为，如到正规安全的游泳馆游泳，下水游玩前要注意什么，看什么标识，在水边能玩些什么，不能玩什么，在水边和别人一同游玩时应该注意些什么，有可能打扰他人时应该如何友好地示意，游玩后收集垃圾的各种情景和方法，等等。然后同学们一起做一些情景性的行为训练，如模仿观景的各种特定的情景。同学们通过学习巩固文明行为习惯，把在水边活动的文明放在心中，落实在行动上。

### 4. 日常巩固与习惯养成

当同学们都已经对“在水边，勿乱欢，雅观赏，境如仙”的道理知晓之后，要帮助同学们将文明观景和参加活动的礼仪巩固下来并逐渐养成习惯。老师还要鼓励大家在文明出游方面互相学习和互相帮助，当看到或听到同学在出游时有不文明的行为时要及时提醒，被提醒的同学要虚心接受并坚决改正。大家一起努力，成为文明的旅游者。

文明的水边观景
（作者：刘思辰；指导教师：李文玉）

# 三十、在山间，勿乱攀，防危险，记心间

**道德意涵解说**

美丽的山峰是每个同学向往的地方，那里有“无限风光在险峰”，那里有多种多样的山貌地形，那里有众多的花草树木，那里有潺潺的小溪流水，那里有灵动的花鸟鱼虫……但是，山岳在给我们带来无尽的惊喜的同时，也会给我们带来无尽的危险，如迷路、摔伤、误食、冻伤、动物伤害……因此，我们在山中进行野营和郊游时，要牢记“在山间，勿乱攀，防危险，记心间”，时时注意安全。要保证登山的安全，要做到以下几点：①认真学习登山知识。②事先做好各种应急准备和预案。③组织好登山团队，利用集体力量降低登山风险。④掌握基本应急处置技能。⑤准备好各种联系方式和联系手段。⑥掌握紧急呼救的信号与方法。⑦行事保持谨慎，处处小心。⑧锻炼身体，强化技能。

## （一）警示案例

近年来，随着我国人民生活水平的提高，“我运动，我健康”的理念越来越被人们接受，而户外登山运动，在锻炼身体的同时，又以美好的风景、新鲜的空气等吸引了广大运动爱好者的目光，成为一项风靡全国的运动。

户外登山运动有着登山线路难度变化、天气变化、登山人员身体状况变化等因素，比常见的其他体育运动更多了一些不确定性。如果没有事先做好充足的准备，对攀登线路没有足够的了解，没有准备好相应的装备、充足的饮食和通信工具，很容易发生各种意外。据中国登山协会高山探险部统计，仅 2019 年，中国大陆共发生 272 起登山户外运动事故，事故总人数 942 人，受伤人数 105 人，死亡人数 69 人，失踪人数 5 人。

2019 年 2 月在四川甘孜金银山登山的男子张某发生的事故是其中很有代表性的一例。在失联四天被救援出来之后，张某自述了事故经过。张某与另外两位同伴是在网上约伴同行的，物资准备比较仓促。刚刚出发的时候他们还比较顺利，三人顺利攀登到海拔 4700 米建

立了营地。2 月 7 日早上他们分开行进，从这时开始两队人马之间失去了联系。张某攀登至 5200 米时发生了轻微的高反症状，无法继续攀登，在原地等待了两天后，他带的食物已经吃完，还没有见到其他两人撤回。他以为队友在上面遇到危险了需要救援，于是开始下撤去找救援，下撤过程中由于大风丢失了防潮垫、睡袋、手套等装备，只能一路走走停停。而张某的两位队友在回到 4700 米营地的时候没有看见他，快速下撤的路上也没有看见他，2 月 9 日下山后也没有及时报警。直到 2 月 12 日张某的家属才向四川省山地救援总队报警。2 月 13 日张某被找到。事先没有充足的准备，没有应急通信设备和方案，下撤路上偏离路线导致错过了下山的同伴，最终，张某为自己的行为付出了惨重的代价。

## （二）主要错误

### 1. 在不熟悉的山中独自行动

有些同学爬山时喜欢自由行动，在山中另辟蹊径。在不明山情的情况下就独自行动，既不安全，又违反公共规则。

冒险单独攀登
（作者：范紫晗；指导教师：张振利）

### 2. 在山上留下各种垃圾

有些同学在山中尽情游玩之后，留下各种垃圾，没有将其收集在垃圾袋中带走，严重影响公共卫生和景观美感。

向山下扔东西
（作者：范紫晗；指导教师：王芳）

### 3. 在山中遇到旅人不热情问候

在山中旅行时，特别是游人少的时候，遇到旅行者应主动问好以示友好，而有些同学不能做出这样的友好行为。

### 4. 其他各种不文明举止

有些同学还会在山间做出各种不文明行为和危险举动，如向山下扔东西、随意攀折树枝花草等。

乱折树枝花草
（作者：范紫晗；指导教师：张振利）

## （三）学习与培养训练

### 1. 道理讲解与认知学习

老师要给同学们讲解为什么要规范自己在山间旅行的文明行为：一是为了安全，防止坠落、跌落等安全事故发生；二是为了保护环境，让景色更美丽；三是为了公共秩序，让周围的人都能舒心地观赏山景。老师可用各种山间旅行的事故和不文明事例，说明在山间旅行时做一个文明守规则的观景人的重要性，老师要告诉同学们，“美是由大家共同创造和维护出来的”“安全是由守规则和守纪律共同创造出来的”，我们新时代的中小学生应该在何时何地都有文明礼貌的行为和安全意识，还要有强烈的热爱自然和保护环境的思想和胸襟，做一个与美好的自然景色和谐共存的文明人。

### 2. 情景再现与纠错学习

老师可以让每个同学针对自己过去在各种山间游览时的行为做出总结和反思，指出和分析自己行为中的不足和应该纠正的错误，还要分析出现错误的思想根源，如“一高兴就忘了安全第一的原则”“看见大家都往山下扔石头，觉得挺好玩的，自己也扔了”“周围没有垃圾桶，就把垃圾集中一下放在那里了”“想着那是游览区，应该有人收垃圾吧”“我们进那个景区是交了钱的，垃圾应该他们打扫”，等等。老师要和大家仔细分析，其实这些不文明行为的背后是自私的思想和不注意安全的错误思想在作祟，应该正确认识并从根本上加以克服。

### 3. 集体学习与行为训练

同学们根据以上的学习谈谈对“与美景相匹配的美好行为”的体会。然后，大家一起想象在各种山间旅行的文明行为和安全行为，如在山中游览时要注意什么，看什么标识，山里能玩些什么，不能玩什么，在山中有其他人一同游玩时应该注意些什么，有可能打扰他人时，应该如何向他人进行友好的示意，游玩后收集垃圾的各种情景和方法，等等。然后大家一起做一些情景性行为训练，如模仿观景的各种特定的情景，大家通过学习加深对文明行为的认识，把在山间旅行的文明放在心中，落实在行动上。

### 4. 日常巩固与习惯养成

当同学们都已经对“在山间，勿乱攀，防危险，记心间”的道理知晓之后，要帮助同学们将文明观看景色和野外活动的礼仪巩固下来并逐渐养成习惯。老师还要鼓励大家在文明出游方面互相学习和互相帮助，当看到或听到同学在出游时有不文明的行为时要及时提醒，被提醒的同学要虚心接受并坚决改正。大家一起努力成为文明的旅游者和野外体育锻炼者。

文明的山间旅行
（作者：范紫晗；指导教师：王芳）

# 三十一、道路边，多危险，行守规，眼视前

## 道德意涵解说

随着我国经济的发展，道路上车多、人多，如果不遵守交通规则就会出现很多的危险。一个人独自在街道上行走，切莫在行进中左顾右盼、东张西望，也不要"Z"字形前进，这样会挡住后面人的路线，是不礼貌的行为。不要站在人来人往的大道上与人聊天或几个人站在路上不动，这样做无形中等于在路上设置了一个障碍；路遇熟人切忌高呼狂叫，惊扰他人，点头示意即可。以上这些都是行路当中的礼仪。

“道路边，多危险”是说：我们每天都要走很多路，这些路上不但有许多人，还有许多车。人有老人、有幼童、有病人，还有盲人、肢体有残疾的人等，我们要与他们一起行走、交错；车有自行车、电动车、小汽车、大卡车等，我们也要与它们交叉、相伴。这一切都存在危险，存在对他人的危险、对自己的危险。但是我们很多同学对这样的危险很不在意，有的同学在马路上追打奔跑、横闯马路、闯红灯；有的同学在马路上当“低头族”；有的同学则在人行道上横成一排走路“横行霸道”。这些行为既不文明，更不安全。“行守规，眼视前”是说在路上行走有很多的规矩和规则，也有很多文明礼仪，如遵守红绿灯、礼貌让行、平稳行走，等等。在行走时一定要时时谨慎，眼睛观察前方，再根据情况按规则行事并文明礼让。让我们一起做文明安全的交通参与者。

## （一）警示案例

我们都听到过“红灯停，绿灯行”“宁停三分，不抢一秒”等交通宣传口号，交通安全教育也是从小就开始的。如果没有注意道路边的各种危险状况，又会怎么样呢？

2010 年 3 月 18 日，在福建省福州市华林路和五四路交叉路口发生了一起惨烈的车祸，一

个未满 18 岁的花季少年永远离开了这个世界，给他的家人、老师、同学们留下了无尽的悲痛和思念。据现场目击者的描述和交警事后的调查，事故的经过是这样的：中午一点半，正是学生上学时间，路口东往西方向是绿灯，南往北方向的斑马线是红灯，福州某中学的高二学生许某戴着耳机、骑着电动车停在路口，在东往西方向即将变成黄灯但南往北方向仍是红灯的时候，小许可能还沉浸在音乐的世界里，没有注意路面的汽车，从南向北沿斑马线提前开始过马路，而这时一辆出租车正加速驶来，想在绿灯变黄灯前冲出路口。“砰”的一声，小许被撞飞起 3 米多高，重重地落在 30 米外的地上，救护车来到现场的时候，小许已经没有了呼吸，而电动车也被撞成三截，散落了一地的碎片。如果出租车没有抢这几秒时间，如果小许等斑马线的绿灯亮了再过，也许这令人痛心的一幕就不会发生。可是时光不会倒流，逝去的生命再也无法回来，出租车司机也因违章付出了惨痛的代价。

闯红灯
（作者：贾卓；指导教师：张振利）

“横行霸道”
（作者：陆雨晨；指导教师：王芳）

路上打闹
（作者：周紫旋；指导教师：张振利）

## （二）主要错误

### 1. 随意闯红灯

这是一个非常常见的错误，存在着巨大危险，对公共秩序的影响也很大。

### 2. 不能提醒身边的家人和朋友遵守规则

有的同学平时自己能遵守规则，但见到家人和朋友违反规则时却不能及时进行提醒和制止。

### 3. 在人行道上横排行走

有许多同学在上学、放学的时候，在人行道上横排行走，谈笑风生，把整个道路都“封锁”，呈“横行霸道”状，严重影响别人，特别是后面人的行走。

### 4. 在路上不按正常速度走路

有许多同学在路上行走时速度过快或过慢，过快时容易发生冲撞，过慢时会影响后面的人行走，都会影响别人。

### 5. 在道路上打闹嬉戏

有许多同学在上学放学的时候，在人行道上嬉笑打闹，互相追逐，不但给别人带来危险和困扰，也使自己处于危险之中。

## （三）学习与培养训练

### 1. 道理讲解与认知学习

老师要给同学们讲解为什么要规范自己在路上的行为：一是为了自身与他人的安全，防止交通安全事故发生；二是为了维护公共秩序，让社会和谐并有效地运转。老师可用各种交通安全事故和不文明行路的事例，说明在路上做一个文明守规则的人是非常重要的。老师要告诉同学们“秩序是由大家共同创造和维护出来的”“生活中的效率则是由守规则和守纪律创造出来的”“安全最大的保护神是自身对规则的遵循”等道理。老师要告诉同学们：新时代的中小学生应该具有维护公共规则的意识，还要有强烈的以他人为先的思想和胸襟，做一个与和谐道路环境共存的文明路人。

### 2. 情景再现与纠错学习

老师可以让每位同学针对自己过去在路上行走的各种行为做出总结和反思，指出和分析自己在行走中的不足和应该纠正的错误，还要分析出现错误的思想根源，如“说话一高兴，大家就把道给占了”“看见大家都闯红灯了，我也就闯了”“想事来着，走慢了没想到影响了后面的人”“放学高兴，就爱打闹，想起来是挺危险的”，等等。老师要和大家仔细分析，其实这些不文明的行走背后是考虑他人不够以及不注意安全的错误思想在作祟，应该正确认识并从根本上加以克服。

### 3. 集体学习与行为训练

同学们根据以上的学习谈谈对“文明路人的行为规范”的体会。然后，大家一起想象各种行路的行为，如在路上应该注意的标识和信号，路上能做什么，绝对不能做什么，周围有其他人行走时应该注意些什么，打扰到他人时应该如何向他人道歉，等等。然后大家一起做一些情景性行为训练，模仿行路过程进行体验性学习。大家通过学习，加强文明行路的意识，把文明行路放在心中，落实在行动上。

### 4. 日常巩固与习惯养成

当同学们都已经对“道路边，多危险，行守规，眼视前”的道理知晓之后，老师要帮助同学们将文明行路的行为固化下来并逐渐养成习惯。老师还要鼓励大家在文明行路方面互相学习和互相帮助，当看到同学在行路中有不文明的行为时，要及时提醒，被提醒的同学要虚心接受并坚决改正。大家一起努力，成为文明安全的行路者。

文明的行人
（作者：陆雨晨；指导教师：王芳）

第七篇

# 生活中的健康文明行为

# 三十二、衣领扣，勿乱敞，衣整齐，好形象

## 道德意涵解说

孔子说过：“见人不可以不饰，不饰无貌，无貌不敬，不敬无礼，无礼不立。”衣服是人的外在修饰，衣冠整齐，干净得体，是我们应有的修养，也能展现一个人良好的精神风貌。在中国古代，衣冠的意义尤其重要。我们常说中国是“礼仪之邦”，而“礼仪”的外在表现，最直接的就是衣冠，所以我们又说“衣冠礼仪”“衣冠文物”，等等。可见“衣冠”是和礼仪道德紧密相关的。“衣冠”和“礼仪”有什么联系呢？“衣冠”又为什么对于“礼仪”如此重要？《周易》说，“黄帝、尧、舜垂衣裳而天下治，盖取诸乾坤。”意思是说，黄帝、尧、舜这样的古代圣明君王，只是把衣裳穿得很得体，就把天下治理好了。古代的“衣裳”和我们现在所说的“衣裳”不是一回事，而是“衣”与“裳”两部分，上衣称作“衣”，下衣称作“裳”，上衣下裳，就好像天在上、地在下一样。这是教导民众要恪守本分，把自己的分内事做好，如果人人都能这样做，整个国家就会安定和谐了。对于我们普通人来说，衣冠也非常重要。人之为人，就在于人懂得礼仪道德，而礼仪的开始，就是形体要端正，态度要恭谨，说话要和顺。在此基础上，才能做到孝顺父母、友爱兄弟、尊敬长辈、报效国家。而这一切的开始，就是衣服要整洁得体，如果不能做到穿衣得体，剩下的就都成了空话。所以《礼记·冠义》说，“故冠而后服备，服备而后容体正，颜色齐，辞令顺。”这段话的意思是说，只有衣冠得体规范之后，才能做到形体端正、态度恭谨、说话和顺。

如前所述，衣冠之事并非小事，它是礼仪，也是道德。我们学礼仪、讲道德有时就是要从穿衣做起，要从“衣领扣，勿乱敞，衣整齐，好形象”做起。

## （一）榜样故事

有时候，一件衣服也能承载着大大的寓意，冕服华章的丝丝缕缕也勾连着中华文脉。中山装就是这样的范例。它诞生于 1929 年，结束了我国几千年来袍服制一统天下的局面，颠覆了国人原有的关于传统服装与身体空间的观念。中山装不但作为一种政治服装而流行全国，而且作为融合中西文化的服装而深受国人喜爱。中山装是爱国、进步、文明的象征，更是继承孙中山遗志的象征，满足了近代国人意欲表达的政治情感，引起思想共鸣，这是中山装能够流行的社会思想基础。中山装是具有特别意义的服装，是既体现民族性、又体现现代性的服装。它具有我国民族的特点，且穿着简便、舒适，更一度被世界公认为中华人民共和国的“国服”。作为国人一度推崇的常式礼服，中山装同时也承载着一种文化、一种礼仪、一份民族自尊心和自豪感。

## （二）主要错误

### 1. 从上数第二个衣领扣是解开的

许多同学的衣领扣不注意系好，特别是上数第二个扣子一定要系好，否则会显得非常不正式。

### 2. 戴帽子不端正

许多同学戴帽子不戴正，或有意识地歪戴帽子，有些同学还认为这是一种“范儿”。外出休闲旅行等非正式场合如此随意可能还可以，但在学校、在正式的场合下则是不可以的。

衣扣不系好
（作者：田雨；指导教师：张振利）

歪戴帽子，趿拉着鞋
（作者：田雨；指导教师：张振利）

### 3. 鞋子踩成拖鞋，趿拉着鞋子

许多同学穿鞋不穿好，没有精气神。

### 4. 衣服颜色过于花哨，不注意搭配

许多同学穿衣服不注意颜色搭配，颜色过于花哨，搭配不当，难以体现素雅的气质。

#### 5. 衣服大小不合适

许多同学穿衣服过紧或过于肥大，既影响美观也不便于参与体育运动。还有的同学穿衣服不区分场合，不符合学校活动的要求。

#### 6. 衣服不干净

部分同学穿衣服不干净，身上常有汗渍、油垢等，影响自己的形象。

穿衣服不清洁、不合适
（作者：柴擎；指导教师：王芳）

### （三）学习与培养训练

#### 1. 道理讲解与认知学习

老师要给同学们讲解为什么会要求大家的服装要规范，特别是在学校里的穿着和教学中的穿着，可能同学们会说："穿衣服不是我的自由吗？"老师要给同学们讲清楚，我们不是要限制同学们平时穿衣服的自由，而是要告诉同学们平时应怎样穿衣服才会更美观，更有气质，也更便于运动，更安全。当然在一些正式的活动场合，学校也必须严格地要求大家的服装和穿戴，因为那是对学校集体活动的尊重，如此才能保证集体活动的特定氛围和顺利进行，因此按要求穿戴在此时成为每个集体成员的义务和责任，这里没有什么自由可讲。老师还可用各种不合适的穿戴事例，说明穿着并不是一件小事，它是个人素养的外在表现。老师要告诉同学们：新时代的中小学生应该具有良好的精神面貌和外在形象，要从穿衣、戴帽做起，体现出朝气蓬勃的精神面貌。

#### 2. 情景再现与纠错学习

老师可以让全体同学针对同学们现有的衣服进行善意地点评，指出优点和缺点，说出理由，然后大家一起分析穿戴缺点背后的原因，如"没有注意这件事，以为那是自己的事儿""原来没觉得自己穿衣服搭配不好，原来还有这么多的道理""趿拉着鞋走路觉得挺舒服的""平时不注意勤洗衣服"，等等。老师要和大家仔细分析，其实穿戴不合理、不文明的背后，还是考虑他人的感受和考虑集体需要不够的意识在作祟，应该从穿衣、戴帽这样的小事做起，从思想上加以正确认识，并学习穿衣、戴帽中的知识（如颜色搭配的原理等）。今后，穿好衣、戴好帽，展示好风貌。

#### 3. 集体学习与行为训练

同学们根据以上的学习谈谈对"文明的穿戴"的体会。然后，大家一起想象各种场合的穿衣规范，如集体参观时的穿戴、上体育课时的穿戴、参加俱乐部活动时的穿戴、和家人出游时的穿戴、参加学校大型集体活动时的穿戴等，然后大家一起做衣服搭配穿着的情景性练习。同学们通过进行体验性学习，加深对文明穿着的认识，把衣着的文明放在心中，把整洁得体的穿戴落实在每天的行动上。

### 4. 日常巩固与习惯养成

当同学们都已经对“衣领扣，勿乱敞，衣整齐，好形象”的道理知晓之后，老师更重要的工作就是帮助同学们将整洁、合理穿戴的行为固化下来并逐渐养成习惯。老师还要鼓励大家在整洁、合理穿戴方面互相学习和互相帮助，当看到同学在穿戴时有不文明、不整洁的行为时，要及时提醒，被提醒的同学要虚心接受并坚决改正。大家一起努力，成为穿戴得体、朝气蓬勃的学生。

正确和美观的衣着

（作者：柴擎；指导教师：王芳）

# 三十三、衣清洁，无污渍，无异味，有微香

**道德意涵解说**

服装整洁，没有污渍，没有异味，这不仅是自己的个人卫生问题，更是对别人的一种尊重，是体现自身素质的一种表现。衣服可以不昂贵，可以不华丽，可以不是名牌，但是不可以不干净整洁。所以要保持自己干净整洁的形象，因为它透露着一个人的生活态度和行事作风。我们每个人都要把干净的衣服当作干净的人生态度，把搞好个人卫生、勤洗衣服当作“一屋不扫何以扫天下”。具体来说，我们要勤换衣服，注意衣服的味道，维护我们文明好学生的形象。

## （一）榜样故事

在中华人民共和国第一代领导人中，周恩来文质彬彬的形象受到瞩目。周恩来的着装是比较讲究的，倘要概括，可名之严装风度，这可以追溯到他的青少年时代。周恩来的母校南开大学有这样一段话：“面必净，发必理，衣必整，纽必结；头宜正，肩宜平，胸宜宽，背宜直；气象勿傲、勿暴、勿怠；容颜宜和、宜静、宜庄。”

作为学生，周恩来不仅将这段话工工整整手录心记，而且身体力行，这对他着装风度的形成起到了重要的作用。不少周恩来的传记就写到他从小非常爱整洁，衣服无论怎样破旧都要补好、洗干净，整整齐齐地穿在身上。周恩来的一个同学回忆说，周恩来当时只有一件蓝布大褂，他每个星期天洗一洗，过一夜干了之后，下星期再穿上它上学。在周恩来的生活境界中，对美的讲究往往是一种精神追求，并非因为物质的丰沛。后来，周恩来到法国勤工俭学，有了西装革履的亲身体验，受到讲究服饰之美的欧陆文化氛围的耳濡目染，使他在服饰文化方面的素养更为增益。中华人民共和国成立后，周恩来担任总理兼外交部部长，年年步出国门，走访五洲，时时接待外宾，应对八方，他的整齐美观且不奢华的服饰风貌成为东方大国和中华民族的象征与骄傲。

## （二）主要错误

### 1. 衣服肮脏

部分同学穿衣服不清洁、不整洁，甚至是肮脏的，衣帽和其他随身用具上有不少汗渍、油垢等，影响自己的形象。

衣服肮脏
（作者：荆晨；指导教师：张振利）

### 2. 衣服上有异味

部分同学穿衣服长期不清洗，加上不注意个人卫生，因此身上有异味，影响自己形象，也对别人造成影响。

### 3. 鞋子有异味

有些同学不及时换洗鞋袜，脚上有严重的异味，甚至个别同学还当众脱鞋，给周围同学带来严重的困扰。

衣服上有异味
（作者：荆晨；指导教师：张振利）

鞋子有异味
（作者：荆晨；指导教师：王芳）

## （三）学习与培养训练

### 1. 道理讲解与认知学习

老师要给同学们讲解为什么会要求大家要清洁服装。可能有的同学会说：“干净不干净是我自己的事，这也要管吗？”老师要给学生们讲清楚，清洁不单单是自己的事。清洁是个人卫生，也是公共卫生，甚至是公共卫生的安全问题。一个同学不讲卫生，会给大家带来困扰，严重的时候还会给大家带来危险，因为许多疾病都是不讲卫生引起的。因此，讲卫生是个大问题，应该予以重视。同时，讲卫生、爱清洁更是一个人的基本素质。试想面对一个脏兮兮的人，你会认为他是一个有教养的人吗？新时代的中小学生应该具有整洁的外貌和清新洁净的形象，需要我们首先要从干净的穿着做起。

### 2. 情景再现与纠错学习

老师可以让同学们针对自己（此时最好不要针对其他同学）平时的穿衣、穿鞋的清洁问题进行自我评价，指出优点和缺点，说出理由，然后大家一起分析整洁穿戴的各种缺点背后的原因，如“没有注意这件事，以为那是件小事儿”“自己平时太懒了，不经常刷鞋，真不好意思”“看来个人卫生的事儿太重要了”“以后一定注意勤洗衣服”，等等。老师要和大家继续分析，其实这些穿戴不整洁的背后还是缺乏为他人考虑的意识。今后每个人都不能忽视个人卫生和穿戴整洁的事情，不能将其认为是小事。同学们要从平时做起，做一个干净的好学生。

### 3. 集体学习与行为训练

同学们根据以上的学习谈谈对“个人卫生与大家”的体会。然后，大家一起思考要实现清洁穿衣应该做些什么，如定期洗衣、刷鞋，出门前的检查，换外衣的合理频率，换内衣的合理频率，等等。大家通过研讨性的学习，加强清洁穿着的意识，把个人卫生和对他人的影响放在心中，把整洁的穿戴落实在每天的行动上。

### 4. 日常巩固与习惯养成

当同学们都已经对“衣清洁，无污渍，无异味，有微香”的道理知晓之后，老师更重要的工作就是帮助同学们将清洁的穿戴行为固化下来并逐渐养成习惯。老师还要鼓励大家在个人卫生和清洁穿戴方面互相学习和互相帮助，当看到同学在个人卫生和清洁穿戴上有问题时，要及时提醒，被提醒的同学要虚心接受并坚决改正。大家一起努力，成为清洁卫生和朝气蓬勃的好学生。

整洁卫生的衣着
（作者：冯安妮；指导教师：王芳）

# 三十四、衣合体，勿异装，便运动，不走光

**道德意涵解说**

体育运动服装是运动对服装的特定需要，同时也是一种服饰文化。同学们在锻炼身体时，需要穿着舒适、透气的运动服装，配上一双合适、轻便的运动鞋，有时还需要戴上帽子、手套和护具等。“衣合体，勿异装”是指在运动时要穿合体的、便于运动的服装。有的同学在冬天穿着厚厚的羽绒服出操，穿着高帮的皮鞋上体育课，有的同学上体育课穿得肥肥大大的，看起来既臃肿又没有精神，也给运动造成不便甚至危险。“便运动，不走光”是说在运动时要穿便于运动的衣服，不要穿不合适的衣服，以免不适当地暴露身体。比如，现在有的同学爱穿后腰很低的裤子，运动时会有暴露的危险，这既是对自己的不尊重，也是对别人的不尊重。同学们在夏天上体育课和游泳课时要充分注意自己的服装得体问题。



## （一）榜样故事

合适的场合穿合适的服装是非常重要的，这也是一个人最基本礼仪的体现。跳水冠军郭晶晶在服饰礼仪上的做法就很符合她的不同身份；在赛场上，她身穿泳衣，是跳台上最耀眼的明星；赛场下，她身穿轻便的国家队队服，和其他队员一起，彰显的是祖国的活力；出席宴会时，她一袭礼服，低调却让人不能忽视。

## （二）主要错误

### 1. 服装臃肿或瘦小、不合体

许多同学在参加运动时，穿着不合体的运动服或校服参加体育活动，影响身体的活动范围并有一定的危险。

2. 服装种类和质地不适合体育活动

有的同学上体育课时，穿着皮鞋、牛仔裤、羽绒服等，这些都是不适合参加体育活动的服装。

3. 过于暴露和容易走光的服装

有些同学在运动中穿着过于暴露，有的服装容易造成走光现象。

4. 奇装异服

有些同学在上体育课和参加体育活动中穿着不适合体育活动氛围和情景的服装。

衣着不合体
（作者：宋羿达；指导教师：张振利）

衣着不适合运动
（作者：何墨浓；指导教师：王芳）

奇装异服
（作者：宋羿达；指导教师：张振利）

## （三）学习与培养训练

### 1. 道理讲解与认知学习

老师要给同学们讲解要求大家在运动时穿着的服装要规范，是因为它关系到运动锻炼的效果和运动安全的问题。穿着运动服装也是体育课和体育活动的纪律问题，每个中小学生在上体育课和参加体育活动时都应遵守体育服装的纪律和要求，在充分地进行身体锻炼的同时，确保运动过程的安全。

### 2. 情景再现与纠错学习

老师让全体同学就运动服装是否规范的问题进行自我总结、自我评价和自我反思，说出自己的不足，然后大家一起分析不能按要求穿着运动服装的原因，如“懒得换了，想着不就是一堂体育课吗”“太冷了，就穿着羽绒服做操了”“没想到运动服装也是个纪律”“穿皮鞋不也是在跑步吗，我跑得也不慢呀”，等等。老师要和大家说明，要从纪律和安全两方面来考虑运动服装的问题，今后要在各种体育运动的场合，穿得体、合体的服装，穿满足安全运动需要的服装，穿符合纪律要求的服装，进行最有效的体育锻炼。

### 3. 集体学习与行为训练

同学们根据以上的学习谈谈对“体育课为什么要有穿衣服的纪律和要求”的体会。然后，大家一起想象各种体育运动场合的穿衣规范，如大课间、体育课、外出体育活动、游泳时所穿的衣服，参加俱乐部活动和家人出游、参加学校大型集体活动、登山时的穿戴，等等。然后大家一起做运动穿衣的情景性练习，通过进行体验性学习，加深科学的运动着衣认识，把运动衣着的规矩和要求放在心中，把得体的运动衣着落实在每天的体育活动中。

得体的运动服装
（作者：何墨浓；指导教师：王芳）

### 4. 日常巩固与习惯养成

当同学们都已经对“衣合体，勿异装，便运动，不走光”的道理知晓之后，老师更重要的工作就是帮助同学们将合理穿戴运动服装的行为固化下来并逐渐养成习惯。老师还要鼓励大家在运动穿着方面互相学习和互相帮助，当看到同学在运动时的服装不符合规定或不安全时，要及时提醒，被提醒的同学要虚心接受并坚决改正。大家一起努力，使我们的运动更安全、更有效、更欢乐，也更美观。

# 三十五、练耐寒，少穿衣，耐酷暑，养性习

## 道德意涵解说

“练耐寒，少穿衣”说的主要就是“秋冻”和“冬练三九”。现在有些同学一到天气稍有凉意时，就赶快将厚厚的衣服穿起，这样就没有抗寒的能力了。而有些同学主动地少穿些衣服，冷了就多活动活动，甚至到了三九天依然穿着偏少的衣服坚持锻炼，那么他的抗寒能力就越来越强。在“三九”天的体育锻炼可以使肌肉在僵紧的状态下变得松柔，有效地促进气血流通，使筋骨得以舒展，增强自身的免疫功能，还能使大脑反应灵活敏捷，提高记忆力。“耐酷暑，养性习”是说“春捂”和“夏练三伏”，夏天暑热中的锻炼可以使人的筋骨在“三伏”松软的状态下，练得紧而富有弹性。总之，利用三九、三伏进行体育锻炼，养成好的锻炼习惯，不但有锻炼身体诸多好处，还有培养自己的意志的功效，希望同学们应在顺应自然基础上，加强寒暑锻炼，锻炼身体、陶冶情操，提高免疫力并不断增强自己的意志力。



## （一）榜样故事

古筝演奏家王中山，他自幼习筝，曾得到数十位民间筝家的指导，有深厚的河南筝曲基础，被誉为“筝坛圣手”。父亲对王中山要求很严格，虽然父亲不懂音乐，但他严格按照“冬练三九，夏练三伏”的办法“逼”王中山学琴。王中山在上南阳艺术学校时，没有专门的琴房，他就在走廊上练。看他练琴如此刻苦，领导专门把四楼一间上不去水的厕所给他做琴房。他和哥哥把这个厕所改装成了一个简易的琴房，大家称之为“厕所琴房”。“琴房”只有三四平方米，墙壁高处有一扇小窗户。冬天冷得像个冰窖，夏天热得像个蒸笼，但王中山一直坚持练琴。练琴是件枯燥无味的事，困得不行的时候或者不想练的时候，他就掐自己的胳膊和大腿。

## （二）主要错误

### 1. 缺乏进行寒冷锻炼的意识

有些同学，应该说有很多同学都缺乏进行寒冷锻炼的意识，天一冷赶快加衣服，应该加多少衣服也不考虑，反正是穿暖和了。长此以往，他们就受不了一点冷，身体的外界适应能力也就越来越差了。

### 2. 缺乏有意识的暑热锻炼

有很多同学缺乏对暑热环境适应能力的锻炼，天气刚一热就开空调，热天锻炼时也很怕苦。长此以往，他们就受不了一点点的暑热，当然身体的适应能力也就越来越差了。

不积极参加耐寒性锻炼
（作者：卢佳玥；指导教师：张振利）

不积极参加耐暑性锻炼
（作者：卢佳玥；指导教师：张振利）



### 3. 在体育课上畏惧寒暑的锻炼

不少同学缺乏对外界适应能力的锻炼，不能承受寒暑天的体育课和大课间，一到这样的时候，就想方设法逃避体育锻炼。结果是他们的身体越来越弱，天气冷一点就爱感冒，热一点就容易中暑。

不积极参加暑天的体育课
（作者：张洁羽；指导教师：王芳）

## （三）学习与培养训练

### 1. 道理讲解与认知学习

老师要给同学们讲解为什么要积极地、有意识地参加耐寒、耐暑的体育锻炼，讲解先人们提倡的“冬练三九，夏练三伏”以及“春捂秋冻”的科学道理。用伟人们的耐寒、耐暑锻炼事迹说明，锻炼不仅仅能使体魄强健，还提高身体适应能力，而身体适应能力更是与身体健康有着密切关系的核心身体素质。现在很多中小学生就是长期缺乏这样的锻炼，于是冬天一有寒流来袭，就纷纷中招，甚至出现整个班级都感冒的现象，耽误学习，影响身体健康。老师要告诉同学们，我们新时代的中小学生要积极地参加寒暑天的体育锻炼，一方面加强身体对寒暑的适应能力，另一方面培养自己坚强的意志，不做温室里的花朵，要做屹立风雨中的松柏。

### 2. 情景再现与纠错学习

老师可以让每个同学都对自己过去面对寒暑锻炼时的行为做出总结和反思，分析其中应纠正的错误。还要分析为什么会出现这样的错误及其背后的思想根源，如“主要是一冷妈妈就给我加衣服，想不穿都不行，不是说有一种冷叫妈妈觉得你冷吗，我们家就是这样”“我好像天生怕冷”“我想锻炼，但中暑了怎么办呀”“大热天出一身臭汗很难受呀”，等等。老师要和大家仔细分析，其实寒暑锻炼也要讲究科学，也要循序渐进。所以同学们要听从老师的指导，不要盲目锻炼，还要帮助学校做好家长的工作，寒暑锻炼不是为难同学们，而是为了同学们身体的全面健康发展。

### 3. 集体学习与行为训练

同学们根据以上的学习谈谈对“冬练三九，夏练三伏”的想法和体会。然后，大家一起想象各种寒暑锻炼的场景和方法，找到自己可以身体力行的方法，如“春捂秋冻”的起止时间、冬天的晨练、冰雪运动的参与、夏天的野营郊游等等。然后大家在老师的带领下，一起做一些情景性学习和拓展训练，学习科学的寒暑锻炼方法，学习防止冻伤和防止中暑的要领等，为未来的寒暑锻炼实践做好准备。

### 4. 日常巩固与习惯养成

当同学们都已经对“练耐寒，少穿衣，耐酷暑，养性习”的道理知晓后，就要帮助同学们将寒暑锻炼的意识落实到行动上，努力固化下来并逐渐养成习惯。老师还要鼓励大家在寒暑锻炼方面互相学习和互相帮助，当看到同学不积极参加寒暑锻炼时要及时提醒，被提醒的同学要虚心接受并坚决改正。大家一起努力，积极投身到寒暑锻炼中去。

寒冷冬天中的积极锻炼
（作者：荆晨；指导教师：王芳）

# 三十六、练身体，洗冷浴，好天气，日光浴

## 道德意涵解说

冷水浴，是一种锻炼身体的方法。很多的革命家、科学家、教育家在年轻时都有过洗冷水浴的习惯，有的甚至坚持到晚年。还有的人进行冬泳，常年不辍。冷水浴，能增强免疫力，更可以强健我们的意志。日光浴，俗称晒太阳，是一种借助阳光来健肤治病的自然疗法。据研究，人感染病菌，往往先从皮肤开始。而经常接受日光浴，可以有效杀灭病菌，或对其起到抑制作用。进行日光浴，应因地制宜、因时制宜。一般来说，夏季可在上午9点至11点、下午4点至6点进行日光浴为宜；冬季则是上午10点至下午2点进行日光浴最为适宜。每次日光浴可持续2小时左右。进行日光浴时，不宜空腹，不可入睡，要酌情暴露身体，还要经常转换姿势。夏天要戴草帽和墨镜以保护头、眼，预防中暑；冬天要适当穿得厚一些，一般不宜外露身体。但无论是冷水浴还是日光浴，都要因人而异、循序渐进地进行，比如冷水浴从夏天开始，刚开始时间短一些，然后时间加长，一直坚持到秋天乃至冬季。希望同学们多利用自然力进行身体锻炼，将自己逐步塑造成身心健康的好少年。



## （一）榜样故事

每年1月份，东京的稻荷神社边的公园都会举办一个传统的冰浴仪式，100多名参加者仅身着内衣或腰布投身冰浴，以求净化灵魂，带来好运，这项仪式不论男女老少都能参加，在电视里经常能够看到，冬天里日本的小孩很多都穿着短裙、短裤，这并不是个别现象，而是普遍现象。日本专家认为，孩子“少穿衣、多户外、勤运动”可以练就一副好身体，因为人的皮肤对冷和热都会做出防御反应，血管会相应做出收缩或扩张的动作，皮肤适当受到冷和热的刺激可以提高这种反应能力，从而发达人的自律神经，内分泌就会变得旺盛，人体的免疫力也就得到了增强。

## （二）主要错误

不积极参加冰雪运动
（作者：雷雨晴；指导教师：张振利）

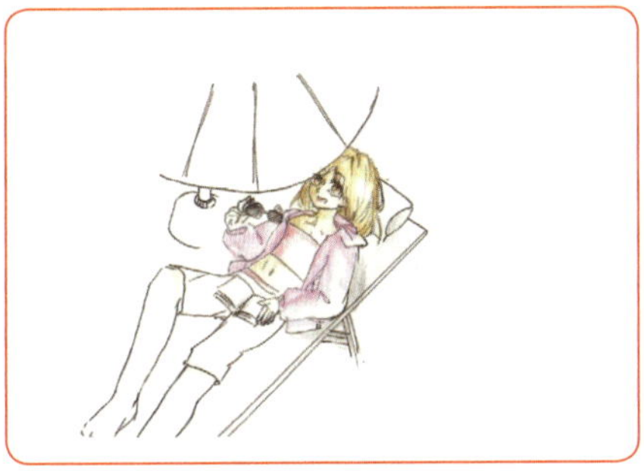

躲避夏季户外运动
（作者：雷雨晴；指导教师：张振利）

### 1. 滥用防晒霜

有些同学面对阳光，会给自己脸上、身上厚厚地涂抹上过多的防晒霜，殊不知和煦的阳光远比涂在脸上的防晒霜对身体好。

### 2. 躲避游泳等活动

有些同学由于怕冷、怕水，就拒绝游泳等运动，这既使自己失去了掌握一项实用性很强的运动技能的机会，也会在今后的生活中失去了很多乐趣与体验。

### 3. 拒绝参加冰雪锻炼

很多同学由于怕冷，不愿意参加滑冰、滑雪的运动，这既弱化了身体健康，也失去了冬季运动的无穷乐趣。

### 4. 夏天离不开空调

有些同学怕热，天一热就躲到有空调的屋子里，离开了夏季丰富多彩的户外运动，对身体也造成了不良影响。

## （三）学习与培养训练

### 1. 道理讲解与认知学习

老师要给同学们讲解有条件的同学为什么要积极地、有意识地参加日光浴、冷水浴等耐暑、耐寒的体育锻炼，继续深入理解“冬练三九，夏练三伏”的原理，用丰富多彩的寒暑锻炼来激发同学们对冬季锻炼、夏季锻炼的向往，讲解冷水浴和日光浴的锻炼原则与科学锻炼的方法。

### 2. 情景再现与纠错学习

老师可以让每个同学就冷水浴和日光浴的问题进行讨论，对冬季锻炼、夏季锻炼谈谈看法。然后大家一起学习冷水浴和日光浴的知识，为将来的锻炼做好方法上的准备。

### 3. 集体学习与行为训练

同学们根据以上的学习谈谈“今后我怎样进行寒暑锻炼”的想法和体会。然后，大家进行交流。

### 4. 日常巩固与习惯养成

当同学们都已经对“练身体，洗冷浴，好天气，日光浴”的道理知晓后，老师更重要的工作就是帮助同学们将寒暑锻炼的认识落实到行动上。要加强循序渐进的行为锻炼，如鼓励同学们从明天开始就逐渐多接触冷水，如每天坚持用凉水洗手、洗脸，多参加游泳锻炼。有条件的同学可以开始计划今年冬天是学会滑冰还是学会滑雪。鼓励大家在和煦的阳光天气走出家门，约好同伴一起参加多彩的户外运动，享受阳光和蓝天给我们带来的美好。

# 三十七、不畏风，不怕雨，爱自然，不娇气

## 道德意涵解说

“风雨”，在汉语中有许多意思，本义是指自然界的风雨，还引申为艰难困苦的事情，如“在风雨中成长”。告诉我们风雨是我们人生中应该经受的磨炼。经历风雨也是依靠自然力进行体育锻炼的方法和途径。“不畏风，不怕雨”是说，在日常的生活中，在体育锻炼过程中，要培养自己不怕风、不怕雨的精神，很多的体育运动就是秉承着这种精神，要求比赛风雨无阻，如足球、田径、橄榄球、高尔夫等。我们要在风雨中锻炼成长。“爱自然，不娇气”是说，如果我们把阳光、寒暑、风雨、冰雪都理解为大自然的美丽和多样，都理解为是自然恩赐给我们的身心锻炼的好机会，那么我们看待它们的态度也会随之发生变化。我们就会融入其中，锻炼自己的意志和身体。春去秋来，花谢花开，万物生机勃勃从未懈怠。大自然的一花一木、一鸟一兽都毫不吝惜地展示着生的喜悦与激情。所以同学们应该爱护大自然、享受大自然、亲近大自然，多去户外运动，成为自觉锻炼、爱好锻炼的阳光好少年。

## （一）榜样故事

海拔 8848.86 米的世界第一高峰珠穆朗玛峰，那极度缺氧的环境、冰雪覆盖的陡坡，即使是年轻力壮的健全人，也只有极少数能够成功登顶。但有一位双腿截肢、罹患淋巴癌的 69 岁老人，在经过 43 年的努力、经历了四次失败之后，终于也登上了这座世界最高峰。

这位老人叫作夏伯渝，他年轻的时候曾经是一名足球运动员。1974 年，他入选了中国登山队。1975 年，他第一次登珠峰，在攀登到 8600 米高度时，由于天气原因被迫下撤。下撤途中，一名藏族队友不慎把背包掉下山崖。在 7600 米高度露营的时候，夏伯渝把睡袋让给了藏族队

友，而自己在睡觉时严重冻伤，被迫做了双脚截肢手术，成为一名残疾人。

失去双脚的夏伯渝并没有失去梦想，他开始了康复训练。3 年后，他终于凭借假肢重新站了起来。为了实现登上珠峰的梦想，他开始了艰苦的体能训练，坚持一年四季洗冷水澡，每天做一套完整的力量训练，包括负重深蹲 1500 次、引体向上 100 个、俯卧撑 360 个、仰卧起坐 240 个。同时，他还坚持每周一、三、五去登北京香山，每周二、四、六行走 10 千米，风雨无阻。1993 年，他得了淋巴癌，不得不再次截肢，但是他仍然不放弃，甚至还加强了训练强度。2018 年 5 月 14 日，经过 7 天的艰苦跋涉，他终于站在了世界之巅。他的事迹被吉尼斯世界纪录收录，成为世界上“第一位南坡登顶珠穆朗玛峰的双侧截肢者”。

## （二）主要错误

### 1. 躲避风雨锻炼

很多同学由于身体缺乏锻炼，经不了风吹雨淋，非常惧怕风雨，结果身体适应力越来越差。

### 2. 远离自然

很多同学缺乏热爱自然和挑战自然的精神，不愿意参加野外活动，不愿意参加登山、野营、游泳、潜水等运动，逐渐弱化了身体，也失去了许多亲近自然的乐趣。

不亲近自然
（作者：王铭瑄；指导教师：王芳）



### 3. 不愿参加户外运动

很多同学由于各种原因，不愿参加户外运动，偏爱选择室内的、远离寒暑的、轻松的、不脏衣服的运动。这虽无不可，但不是最好的选择，应该尽量多参加户外体育锻炼。

### 4. 娇气，放任自己

有些同学养成了娇气的习惯，对又苦又累的体育锻炼不感兴趣，面对学校要求必须参加的体育锻炼，也是任性地予以躲避，导致意志力和健康水平的双下降。

拒绝户外锻炼
（作者：卢佳玥；指导教师：王芳）

娇气
（作者：程宇彤；指导教师：张振利）

## （三）学习与培养训练

### 1. 道理讲解与认知学习

老师要和同学们讲解为什么要积极地、有意识地参加野外锻炼和户外体育锻炼，帮助同学们克服身上的“骄”“娇”二气。老师要用丰富多彩的野外锻炼和户外体育锻炼的情景和故事激发同学们对大自然中的体育锻炼的向往，还要给同学们介绍野外生存锻炼、登山、露营、游泳、定向运动、航模、潜水、滑冰、滑雪以及各种极限运动等，让同学们从老师的介绍中感受到野外锻炼和户外体育锻炼的美好。

### 2. 情景再现与纠错学习

老师可以让每个同学就野外锻炼和户外体育锻炼的相关问题进行讨论，谈谈野外锻炼的好处和自己不愿参加的各种想法。然后大家一起学习各种野外锻炼的原则，谈谈自己的计划，为将来积极参加各种户外体育锻炼做好思想和方法的准备。

### 3. 集体学习与行为训练

同学们根据以上的学习谈谈对“今后我怎样进行野外锻炼？拓展什么样的户外体育锻炼？”的想法和体会，也要谈谈如何克服娇气的缺点，勇敢而有毅力地参加体育锻炼。然后，大家一起进行思想的交流并互相鼓励。

### 4. 日常巩固与习惯养成

当同学们都已经对“不畏风，不怕雨，爱自然，不娇气”的道理知晓后，老师更重要的工作就是帮助同学们将参加野外锻炼及户外体育锻炼的认识落实到行动上，如鼓励同学从此不惧刮风下雨，想到这些都是大自然馈赠给我们的自然现象和锻炼的环境，大家要积极地去了解自然、亲近自然、热爱自然，做一个积极、向上、勇敢、坚毅和不娇气的好少年。大家可以从下个暑假或寒假就开始，约上家人或同学一起走向自然、融入自然，陶冶身心，享受大自然给我们的青春带来的美好。

在野外的体育锻炼
（作者：程宇彤；指导教师：张振利）

# 三十八、生活中，不偷懒，勤锻炼，养习惯

## 道德意涵解说

懒惰，可以说是人与生俱来的一个坏的习惯，每个人都有懒惰的生活取向，不过有的人经过好的教育和训练，拥有很强的自制力，会变得很勤勉，而有的人则纵容自己懒惰的性情，结果越来越懒。“生活中，不偷懒”是说，为了防止自己将来变成一个懒惰之人，就要在生活中去克服懒惰的思想和行为，“今天事，今天做；现在事，立即做；自己事，自己做”。在体育活动中也是这样，要按要求完成锻炼的任务，不要偷懒，不要打折扣。现在学会偷懒，将来的事业会给你惩罚；现在打折扣，未来的人生也会打折扣。“勤锻炼，养习惯”是说，很多身体好、体型好、精神好、性情好的人都是因为他们经常参加体育锻炼，并养成了天天锻炼的好习惯。

## （一）榜样故事

据《晋书·祖逖传》记载，东晋时期范阳遒县（今河北涞水）人祖逖是个胸怀大志的人，他从小就立志要收复被敌人入侵占领的中原各地。后来，他与好友刘琨（东晋著名的诗人、将领）一起担任司州的主簿（主管文书的官员），两人感情非常好，经常同床共枕、同被而眠，共同探讨复国的志愿。有一次，半夜的时候祖逖听见公鸡鸣叫（古代时人们认为半夜公鸡叫是不吉利的事），他把刘琨踢醒，对他说：“这不是不吉利的声音。”于是他们就起来练剑，并且长期坚持不懈，无论刮风下雨、酷暑严寒，每天听见鸡叫就起来锻炼。

功夫不负有心人，最终两人练就一身好武艺，成为能文能武的全才。祖逖被封为豫州刺史、奋威将军，并率军渡江北伐，数年间收复黄河以南大片土地，使得北方的石勒不敢南侵，而祖逖也因此被封为“镇西将军”。南宋文天祥的《正气歌》中有一句：“或为渡江楫，慷慨吞胡羯”，就是夸赞祖逖。而“闻鸡起舞”的另一位主人公刘琨后来担任征北中郎将，兼管并、冀、幽三州的军事，也充分施展了自己的文韬武略。

## （二）主要错误

### 1. 在日常生活中懒惰

有些同学有懒惰的行为，主要表现在遇到学习任务时首先是躲避，躲避不了的则能拖就拖，实在拖不了也是懒洋洋地干。

### 2. 拒绝比较累的劳动

有些同学有怕苦怕累的习惯，主要表现在遇到比较劳累和有些脏的工作就会躲避。

### 3. 不能积极地参加体育锻炼

有些同学因为懒惰，所以不积极地参加体育锻炼，表面只是比较“宅”和“静”，但实际上还是懒惰。

不积极参加体育锻炼
（作者：贾卓；指导教师：张振利）

### 4. 不愿与同伴参加体育活动

有些同学也是因为懒惰，既不愿意参加体育锻炼，也不愿与同学们一起活动，在行为上显得很“独”和“个性”，其实这是一种不积极的精神状态和行为习惯。

### 5. 锻炼朝三暮四，三天打鱼，两天晒网

有些同学进行锻炼没有长久性，想起需要锻炼了，就猛练一阵，然后懒了，就会很长时间不锻炼，降低了锻炼身体的效果。

不愿意和大家一起锻炼
（作者：王译墨；指导教师：王芳）

锻炼朝三暮四，三天打鱼，两天晒网
（作者：周紫旋；指导教师：张振利）

## （三）学习与培养训练

### 1. 道理讲解与认知学习

老师要为同学们讲解锻炼身体的意义，告诉同学们“每天锻炼一小时，健康工作五十年，幸福生活一辈子”的道理。新时代的中小学生应该通过体育锻炼培养自己积极向上的精神状态和坚强的意志；在身体素质发展的各个敏感期不失时机地锻炼，以免造成身体素质的短板；在青春年代形成参加阳光体育运动的好习惯，做一个身心健康的青少年。

### 2. 情景再现与纠错学习

老师可以让每位同学都对自己过去锻炼的行为做出总结和反思，分析在日常体育锻炼中出现偷懒的错误及其背后的思想根源，如“想着少锻炼一天也没事吧”“在家看看书，安安静静的、舒舒服服的，为什么非要运动呀”“我没锻炼，不也身体挺好吗”“我不干让自己为难的事情”等等。老师要和同学们分析，这些思想的背后都是对体育锻炼意义的不了解，缺乏青少年体育锻炼的不足将造成长久的健康问题的警觉意识。

### 3. 集体学习与行为训练

同学们根据以上的学习谈谈对“青春期身体锻炼的重要性”的体会。然后，大家一起围绕着身体素质发展的敏感期进行身体锻炼的讨论，可以具体围绕以下几方面进行讨论：①柔韧素质发展敏感期内的体育锻炼内容与方法；②速度素质发展敏感期内的体育锻炼内容与方法；③力量素质发展敏感期内的体育锻炼内容与方法；④灵敏素质发展敏感期内的体育锻炼内容与方法；⑤耐力素质发展敏感期内的体育锻炼内容与方法。然后大家一起做一些身体素质的体验性学习，感受有针对性的身体锻炼的内容、负荷和要领等。

### 4. 日常巩固与习惯养成

当同学们都已经对“生活中，不偷懒，勤锻炼，养习惯”的道理知晓后，老师就要帮助同学们将体育锻炼的意识和意愿落实到行动上，并逐渐巩固养成习惯。老师还要鼓励大家在积极锻炼身体方面互相学习、互相帮助，当看到同学不积极参加体育锻炼的时候要提醒和激励，被提醒的同学则要虚心接受并加以改正。大家一起努力锻炼身体，逐渐形成文明健康的生活方式。

# 三十九、注营养，食必全，食不好，不挑捡

## 道德意涵解说

大家都知道营养的重要意义，没有营养，就没有新陈代谢，就没有生命。但是有很多的同学并不知道营养有多种状态，如营养合理、营养不足、营养不全、营养过剩等。“注营养，食必全”说的是营养好，首先是要饮食全面合理，并不是吃得好、吃得舒服就有好的营养。人的身体需要各种维生素、蛋白质、无机盐，少了哪种都会影响身体健康，甚至造成疾病。但是很多营养全面的食品并不见得都是好吃的东西，恰恰有些营养价值高的东西是同学们不爱吃的，典型的有胡萝卜、芹菜、粗粮等。相反地，许多食品好吃，却被称为“垃圾食品”，如“洋快餐”的许多食品。因此，同学们在吃饭时不要挑食，不要暴饮暴食，也就是所谓的“食不好，不挑捡”。

## （一）警示案例

2019 年 9 月 3 日，英国布里斯托大学医学院、布里斯托眼科医院等单位的学者在《内科医学年鉴》（*Annals of Internal Medicine*）上报告了一个病例，给挑食的人们敲响了警钟。

家住布里斯托的一名 17 岁少年长期挑食，从小学时开始只吃薯条、薯片、白面包，不吃水果、蔬菜，在 14 岁时他因为觉得身体疲倦首次看医生，当时医生发现他维生素 $B_{12}$ 水平低、贫血，给他注射了维生素 $B_{12}$，并建议他要均衡饮食，但是他并没有做到。15 岁起他的听力和视力先后逐步下降，尤其视力急剧恶化。17 岁时，他的视力下降到永久失明的程度。医生诊断出他维生素 $B_{12}$ 缺乏，体内铜和硒水平不足，锌值超标，维生素 D 水平和骨密度下降。布里斯托医学院和布里斯托眼科医院的研究人员对此案例进行了研究，结论是该患者患有营养性视神经病变，视神经功能障碍，他的视力受损已不可挽回。

## （二）主要错误

### 1. 挑食

有些同学从小养成了挑食的习惯，到学校以后也没有加以改正，遇到芹菜、胡萝卜、青椒、洋葱等略有味道的蔬菜就挑出来不吃，既浪费食物，也使得自己的身体面临着营养不良的隐患。

挑食的坏习惯
（作者：赵雨萱；指导教师：王芳）

### 2. 暴饮暴食

有些同学喜欢暴饮暴食，喜欢吃的就使劲吃，不加以节制，不喜欢吃的就任性不吃，这是造成一些同学肥胖或严重营养不良的主要原因。

### 3. 缺乏营养方面的常识

许多同学缺乏有关营养的常识，或者对身体营养有某些错误的观念，造成生活实践中的错误。

暴饮暴食
（作者：周紫旋；指导教师：张振利）

缺乏营养方面的常识
（作者：刘默涵；指导教师：王芳）



### 4. 浪费粮食

有些同学不但不注意合理膳食，甚至有浪费粮食的不良习惯，同时也不能将盘碗中的食物都吃干净，形成了不珍惜粮食和不注意营养的双重缺点。

## （三）学习与培养训练

### 1. 道理讲解与认知学习

老师要和同学们讲解什么是合理膳食，给同学们讲解合理膳食的“金字塔”原理，还要用一些生活中的事例讲解因缺乏某些营养而造成某些身体疾病。告诉同学们身体健康和身材苗条都是合理的吃动平衡的结果，要想身心健康，就要迈开腿，管住嘴。而管住嘴，一是要管住摄入不超量；二是要管住摄入不够量；三是要管住营养不平衡。我们新时代的中小学生在饮食上，也要适当地克制自己，不爱吃的蔬菜也要强迫自己吃，爱吃的炸薯条也要克制自己不要吃得太多。老师要鼓励同学们，健康饮食既是一种学习，也是一种锻炼，鼓励大家要树立正确的营养观和健康观，在日常的生活中坚持合理的营养膳食，为自己的身体做好每天的“食育”和“食疗”。

### 2. 情景再现与纠错学习

老师可以让每位同学都对自己的吃做出总结和反思，分析其中的缺点和错误。老师还要指导大家分析为什么会出现这样的错误，及错误背后的思想根源，如“芹菜太难吃了，从小一直就不吃，觉得身体也没事”“听说各种营养在身体里可以转化，少吃点什么应该没关系吧”“听说身体需要什么人就想吃什么，我老想吃炸薯条一定是我缺乏吧”“好吃的多吃点，不好吃的少吃点，不也平衡了吗”，等等。老师要和同学们分析这些观点的错误所在，用科学的道理让大家知道“营养”的含义和重要性。

### 3. 集体学习与行为训练

同学们根据以上的学习谈谈对“食物与营养”的体会。然后，大家一起讨论一下各种食物与营养的问题，如每天的早饭是不是有营养，爱吃的小吃摊上的食品是不是有营养，遇到不爱吃的菜今后该怎么办，遇到爱吃的东西应该怎样控制量，应该如何吃自助餐，晚饭应该吃什么，自己身体里可能最缺的营养素是什么，等等。然后大家一起做一些情景性行为训练，如模拟自助餐、模拟科学的早餐、模拟眼前一堆自己不爱吃的食物，等等。大家进行互相学习和互相帮助，把营养的文明放在心中，落实到行动上。

合理饮食、爱惜粮食的文明行为
（作者：周紫旋；指导教师：张振利）

### 4. 日常巩固与习惯养成

当同学们都已经对“注营养，食必全，食不好，不挑捡”的道理知晓后，就要帮助同学们将关注营养的意识变成合理饮食、不挑食和不暴饮暴食的好习惯。老师还要鼓励大家在“吃得文明与科学”方面互相学习和互相帮助，当看到同学不爱惜粮食和不注意营养时要及时提醒，被提醒的同学则要虚心接受并加以改正。大家一起努力，使大家都成为文明膳食、吃动平衡和身体健康的好学生。

# 四十、讲清洁，爱护齿，讲卫生，爱护眼

## 道德意涵解说

牙齿对于我们的健康有着特别重要的作用，在换牙以后就不能再生了。如果一个人早早地就没有好的牙齿甚至没有了牙齿，可以想象那是一件多么痛苦的事情。有的同学觉得自己现在的牙齿那么好，不精心保养也没关系。其实如果不注意保护，牙齿也会迅速衰老，也会得病。因此同学们一定要“讲清洁，爱护齿”，注意牙齿的卫生与保护。而眼睛更是人身体最为宝贵和娇嫩的器官，失去眼睛就看不到世界的五彩缤纷，看不到亲人的面孔，就接收不了来自世界的大部分信息，就不能安全地走路，就没有了生活的自由，就陷入了黑暗的世界。但很多同学不注意用眼卫生，早早戴上了眼镜或患上了眼病。其实，只要我们合理用眼、科学用眼，就能保护好眼睛，保持健康视力。因此请大家记住“讲卫生，爱护眼”。大家要养成各种好习惯，做个身体全面健康的好孩子。

## （一）警示案例

奶茶是现在很多年轻人非常喜欢的一种饮料，全国各地遍布花样繁多的奶茶店。但是奶茶含有大量糖分，如果过量饮用，对身体有着非常不利的影响。

据《厦门晚报》2020 年 11 月报道，90 后女孩小玲（化名）喝奶茶成瘾，经常点奶茶外卖，每次逛街也必喝奶茶。小玲有着每天早晚都刷牙的好习惯，她觉得只要这样做牙齿就不会有问题。可是近期她发现自己上排多个牙齿发黑，后牙偶尔还会疼，于是到医院就诊。经检查，小玲龋齿严重，而且有颗牙几乎已经被蛀完，剩下一点牙根，只能被拔掉。对此，小玲非常不解。

医生解释道，对爱吃甜食的人来说，每天早晚两次刷牙是远远不够的，从早上刷牙到晚上刷牙中间往往间隔十多个小时，这个时间足够让口腔内的细菌分解酸性物质腐蚀牙齿。医

生建议，每次吃完甜食后都要漱口，以降低口腔内的糖分浓度，让细菌无东西可分解，从而对牙齿起到保护作用，当然，少喝可乐、奶茶等高糖饮料才是保护牙齿的最好方法。

## （二）主要错误

不刷牙或不会刷牙
（作者：冯安娜；指导教师：王芳）

### 1. 不刷牙

极个别的同学不爱刷牙，或者从来不刷牙，这样会给牙齿带来很大的伤害，也会给自己的形象带来损害。

### 2. 不科学刷牙

有的同学能坚持刷牙，但是刷牙的方法不正确，没有完全起到刷牙的作用和效果。

### 3. 不爱护眼睛

许多同学不能做到用眼卫生，没有做到爱护眼睛，有许多损害眼睛的坏习惯。

### 4. 不知道如何爱护眼睛

有些同学不是不想爱护眼睛，而是严重缺乏爱护眼睛的知识，导致平时没能科学爱护眼睛。

### 5. 不认真做眼保健操

学校里的眼保健操是让眼睛得到休息和锻炼的有效方法，但有的同学在做眼保健操时不认真，也不到位，使得每天爱护眼睛的好措施没有起到应有的作用。

不爱护眼睛
（作者：冯安妮；指导教师：张振利）

不认真做眼保健操
（作者：赵雨萱；指导教师：王芳）

## （三）学习与培养训练

### 1. 道理讲解与认知学习

老师要和同学们讲解人的牙齿和眼睛的宝贵，还要多用一些生活中的事例，讲解有的人因没有很好地保护牙齿和眼睛，到了一定的年龄后生活多了种种不便，甚至痛苦。让同学们能设身处地地感受到爱护牙齿和眼睛的重要性与紧迫感，要从每天刷牙、看书和写字姿势、用眼卫生等点点滴滴做起，克服身上的卫生缺点，变成“心明眼亮”“笑口常开”的好少年。

### 2. 情景再现与纠错学习

老师可以让每位同学都对自己保护牙齿和用眼卫生的情况做出总结和反思，分析其中的缺点和错误。老师还要指导大家分析为什么会出现这样的错误，及其错误背后的思想根源，如“早上太忙，凑合刷刷牙就可以了”“我的牙很好，可以免刷牙吧”“刷牙就是刷牙，还有那么多的方法吗”“我的爸爸妈妈都戴眼镜，我保护眼睛有用吗”“我经常躺着看书，很舒服呀，眼睛也没觉得累”“我也知道在车上看手机、看书不好，但也不能闲待着呀，那么多人都在看呀”，等等。老师要和同学们仔细分析这些观点的错误和不科学之处，要用科学的道理让大家知道牙齿好、眼睛好是靠科学、卫生共同得来的。

### 3. 集体学习与行为训练

同学们根据以上学习，谈谈自己对“保护卫生”和“用眼卫生”的体会。首先，大家先一起谈谈“科学的刷牙方法是怎样的”，说说刷牙中的错误动作；然后，大家再一起谈谈“科学的用眼是怎样的”，说说生活中都有哪些用眼不卫生的错误习惯。可以用一个检查表，让同学们把自己的错误找出来，数数有多少错误，引起同学们的充分重视和警觉，以使同学们认识到保护牙齿和用眼卫生的紧迫性，促使其将卫生的行为尽快落实到行动上。

爱护牙齿、保护眼睛的好习惯
（作者：冯安妮、张俪檬；指导教师：张振利）

### 4. 日常巩固与习惯养成

当同学们都已经对“讲清洁，爱护齿，讲卫生，爱护眼”的道理知晓后，老师就要帮助同学们把爱护牙齿和重视用眼卫生的正确行为变成习惯。老师还要鼓励大家在科学爱护牙齿、科学保护眼睛方面互相学习、互相帮助，当看到同学的不正确行为时要及时提醒，被提醒的同学则应虚心接受并加以改正。

第八篇

# 公共场所中的文明行为

# 四十一、小空间，勿高喊，低声语，人点赞

## 道德意涵解说

大声喧哗，顾名思义就是发出大而且令人感觉不舒服的声音。有些人习惯大声说话，这样的行为在个人空间里无可厚非。然而，有的人却将这种大声说话的习惯带到了公共场合，既打扰了别人，又弄得自己十分尴尬。因此，在公共场合、在空间较小的地方，都应该注意自己的言行举止，在为自己考虑的同时也要考虑别人的感受，这是个人素质的体现，也是对别人的尊重，更是人与人之间相处最起码的准则。所以，同学们要把低声说话养成习惯，提高自身素质，做一个文明有礼的人。

“小空间，勿高喊，低声语，人点赞”是说我们每个人在公共场所不要大声喧哗，这是每个人都应该遵守的公德。学校是学习的场所，安静更是一种特殊的环境要求。学校人员密集、空间狭小，因此更要注意保持安静。安静是对别人的尊重，也是自己稳重矜持素质的表现。希望每位同学要做到在学校楼梯上、走廊里、教室中都尽可能保持安静，时刻想到你大声喧哗会使别的同学也静不下心来，影响他们做作业、看书和与别的同学的正常交流等，更会使人心烦意乱。我们每个人都要做一个文明、有教养的好学生。

## （一）榜样故事

高速的城市现代化进程让城市里的高楼越来越多，电梯也就成了我们日常上下楼的常用工具。一次，两位年轻的妈妈结伴带着自己的孩子逛商场。当电梯门打开的时候，两位妈妈快速地带孩子们进入了电梯。电梯刚一启动，两个小朋友就开始在电梯里面打闹起来。这时候，其中一位妈妈蹲下来轻声地对孩子们说：“电梯是公共的空间，如果你们打闹会吵到别人，也有可能发生危险。你们现在可不可以安静下来呢？”说完，那位年轻的妈妈用鼓励的眼神看着两个小朋友。孩子们也意识到了电梯里不是打闹的地方，马上就安静地在角落里站好。电梯里的

其他乘客也微笑着对他们竖起了大拇指。

文明的进步不是“白茫茫大地真干净”（出自《红楼梦》第五回），而是在狭小的空间里尽可能给他人留下余地。它体现在每个人的宽容和律己上。

## （二）主要错误

### 1. 在需要安静的公共场所（如博物馆、图书馆等）里大喊大叫

许多同学缺乏在公共场所保持安静的良好习惯，经常在需要安静的场合大喊大叫或高声呼唤朋友，严重破坏安静的环境氛围并且打扰他人。

在图书馆里大声说话
（作者：荆晨；指导教师：张振利）



### 2. 在狭小的空间（如地铁、电梯）中高谈阔论

许多同学缺乏在狭小空间保持安静的习惯，经常在很狭小的空间也大声说话，甚至高声谈笑，旁若无人，使得狭小空间里噪声很大，使同行人心烦意乱。

在地铁中高谈阔论
（作者：赵馨怡；指导教师：王芳）

在电梯里谈笑风生
（作者：杨雨衡；指导教师：张振利）

## （三）学习与培养训练

### 1. 道理讲解与认知学习

老师要和同学们讲解“公共场所保持安静”的意义，用正反两方面的事例说明“安静是文明”“安静是素质”“安静是为他人着想”“在公共场所内的沉默是金”，要学会在公共场所保持安静，学会低声说话，因为这是全世界公认的文明行为；相反地，在公共场所里大声喧哗

也是全世界公认的低素质表现。新时代的中小学生一定要展示出自己在这方面的高素质，体现出事事为他人着想的善良，从安静做起，做一个讲文明懂礼貌的好少年。

### 2. 情景再现与纠错学习

老师让每位同学都对自己过去在公共场合中的表现做出总结和反思，分析其中应该纠正的错误，还要分析为什么会出现这样的错误及其背后的思想根源，如“一高兴，说话声音就自然大了些”“平时缺乏这个意识，没觉得说话声大也是缺点”“在博物馆发现一个好看的展品，想让小张看看，但小张离得太远，就喊了一嗓子”“电梯里没几个人，就说笑开了”“不知道多大声音叫作大声喧哗，没觉得自己说话声大”，等等。老师要和大家仔细分析，声音大小是相对的，根据场所的不同要求也不一样，比如大家都知道在看电影、听音乐会、看话剧、在医院看病或探视时不能大声说话，能很好地控制自己，但是在博物馆、超市、地铁、车站、电梯里就有点把握不好了。其实，在这些地方是可以说话的，声音大小以对方能听见而周围的人不觉得被干扰为宜。声音大的根源其实还是缺乏对别人感受的考虑，同学们应该从思想认识上加以注意，把自己在各种公共场合的声音都控制在不打扰别人的“文明的分贝”上。

### 3. 集体学习与行为训练

同学们根据以上的学习谈谈对“文明的分贝到底应该是多少”的认识和体会。然后，大家一起想象各种各样的公共场合，想想哪些是自己能控制好“文明的分贝”的场合，而哪些是不能控制好“文明的分贝”的场合，今后应该如何注意，等等。然后大家一起试验一下各种场合的“文明的分贝”的音量。通过这样的集体体验性学习，使同学们对各种场合的“安静”有一个具体和可控制的认识，帮助同学们成为一个高素质的为他人着想的文明人。

### 4. 日常巩固与习惯养成

当同学们都已经对“小空间，勿高喊，低声语，人点赞”的道理知晓后，老师就要帮助同学们将公共场所里低声语的良好行为固化下来并逐渐养成习惯。老师还要鼓励大家在保持安静方面互相学习和互相帮助，当看到同学大声喧哗的行为时要及时提醒，被提醒的同学则要虚心接受并坚决改正。大家一起努力，都成为文明安静的好学生。

公共场合保持安静的文明行为
（作者：赵馨怡；指导教师：王芳）

## （四）拓展阅读

《轻声细语》中有这样的描写：“这边喊来那边叫，图书馆里闹哄哄，你一句来他一句，公交车上乱糟糟。公共场所不喧哗，轻声细语讲文明”。在公共场所不喧哗体现着一个人的教养。下面给大家讲一个故事：一天，有几个专业素质很好的年轻人到某大型企业去面试。面试前，总经理说有事要离开 5 分钟，让大家先等一会儿。5 分钟后，总经理回来了，说："面试已经结束了，你们都没有被录取。"年轻人们不知何故，面面相觑。原因竟然是他们在总经理离开后，就开始大声地说笑，全然没有在公共场所里保持安静的意识。因此，总经理认为他们的素质不高，不会体谅他人感受和自觉维护公共场合的秩序，而且行为比较随意，不是自己心中理想的员工，因此决定不予录取。

# 四十二、有邻人，体收敛，脚不跺，腿不颤

## 道德意涵解说

“有邻人，体收敛”的意思是说，我们在开会、听报告、听音乐会、看电影、坐火车、坐汽车、坐飞机等许多时候，都会与人相邻，有时空间还很狭小。此时，一定要注意收敛自己的身体，如果过于放松，四仰八叉地将胳膊顶在别人的身上，或者将脚伸到别人的脚前，就会干扰到别人，甚至会弄脏别人的衣服和鞋。这是非常不礼貌的，也是非常令人讨厌的，应该特别加以注意。“脚不跺，腿不颤”是指在现实生活中，有些人经常乱跺脚，甚至是在飞机上、火车上等不稳定的地方，严重影响安静的环境，乱颤的地面还会让人心烦意乱。还有很多人坐着的时候喜欢抖腿，或是跷起“二郎腿”单腿晃动，显得形态放荡、没有教养。关键是这样的抖腿，如果是蹬在前面的人坐的椅子上，那么前面的人也会一起抖动，如果是坐在长椅上，那么旁边的人也会随之抖动，给别人带来十分不舒服的感觉。因此，有这种坏习惯的同学一定要尽快改正。



## （一）警示案例

中国自古以来便是礼仪之邦，在公共场合与他人相处中，遵守基本礼仪，不仅是个人道德素质的体现，更是人与人相处之道中的基本内容。当前，全国各地都相继出台了本地的文明行为规范、条例，其中便有倡导大家文明出行的条例。但是生活中却仍然有人忘记了中华文明传统礼仪，无视了公共环境文明行为的基本行为规范，只想着自己怎么舒服怎么做。例如，林某因为生活不顺，心情不好，在乘坐公交车时将这种情绪发泄了出来。他坐在自己的座位上还要伸腿踩到对面的座位上，且不听管理员劝阻。当时车上的人很多，有人看不惯并与林某争吵起来。事后，林某因为触犯《中华人民共和国治安管理处罚法》受到了惩戒。

排队时乱说乱动
（作者：张祺婧；指导教师：张振利）

在长椅上抖腿
（作者：张祺婧；指导教师：张振利）

胡乱跺脚影响他人
（作者：张洁羽；指导教师：王芳）

## （二）主要错误

### 1.在旁边有其他人或排队时不能保持身体安静，乱说乱动

有的同学在站立和落座时，不能保持身体的安静，甚至在座椅上做各种动作，干扰别人，有的同学在公共的队列中也不能保持安静，严重影响排队的秩序。

### 2. 在与其他人同坐的长椅上抖腿

有的同学在公共场所的长椅（如火车站、汽车站的候车室，各种休息厅的长椅）上落座时抖腿，使得同一长椅上的人随之一同颤抖，让其他人很烦恼。

### 3. 用手拍打和摇晃别人椅背

有的同学在公共场所的前后座位（如高铁、旅游大巴、公共汽车等的座位）落座时，不能保持身体的安静，甚至用手拍打和摇晃前面的人的椅背，干扰别人。

### 4. 在狭窄的空间（如高铁、飞机）中，手脚占据其他人的空间

有的同学在相对狭小的空间（如高铁、飞机）中落座时，手脚放松，占据其他人的空间，给别人带来许多困扰。

### 5. 在旁边有人时跺脚

有的同学在站立或落座时，会很无聊地、习惯性地不停跺脚，跺脚的噪声和随之而来的颤动会干扰到别人。

## （三）学习与培养训练

### 1. 道理讲解与认知学习

老师要和同学们讲解“公共场合做一个身体安静的人”的意义和道理，老师要用正反两方面的事例说明“身体的安静是文明”“身体的安静是素质”“安静是为他人着想”，告诉同学们要学会在公共场所里保持身体的安静，学会沉稳的身体语言，因为这种沉稳的行为也是全世界公认的文明；相反，在有邻人的时候乱说乱动也是全世界公认的低素质表现。新时代的中小学生一定要展示出自己的高素质，也时时体现出为他人着想的善良，从安静的行为做起，做一个讲文明懂礼貌的好少年。

### 2. 情景再现与纠错学习

老师让每位同学都对自己过去在公共场合中的表现做出总结和反思，分析其中应该纠正的错误，还要分析为什么会出现这样的错误及其背后的思想根源，如“一高兴，就东张西望、左顾右盼了”“平时缺乏这个意识，没觉得乱动也是缺点”“平时没事跺跺脚，看来得改了”“没考虑到拍前面的座椅会影响别人，被说了才想到”“抖腿真是个不好的习惯，以前还觉得挺帅的呢”，等等。老师要和大家仔细分析，动作幅度大小是相对的，做操的时候动作幅度越大越标准越好，因为那是在锻炼，需要拉伸到位；但是在高铁、汽车站、休息厅等人员密集的地方就要动作幅度越小越好，以免碰撞或影响到他人。

### 3. 集体学习与行为训练

同学们根据以上的学习谈谈对“公共场所的文明举动该是怎样的”的认识和体会。然后，大家一起想象各种各样的公共场合，想想哪些是自己能控制好文明举动的场合，而哪些是自己不能控制好文明举动的场合，以及今后应该如何注意，等等。然后大家一起试验一下各种场合的文明举动的幅度，通过这样的集体体验性的学习，使大家对各种场合的“身体的安静”有一个具体和直观的认识，成为一个高素质的为他人着想的文明人。

### 4. 日常巩固与习惯养成

当同学们都已经对“有邻人，体收敛，脚不跺，腿不颤”的道理知晓后，老师就要帮助同学们将公共场所里身体安静的良好行为固化下来并逐渐养成习惯。老师还要鼓励大家在保持身体安静的方面互相学习、互相帮助，当看到同学有在公共场合乱说乱动并打扰别人的行为时要及时提醒，被提醒的同学则要虚心接受并坚决改正。大家一起努力，做文明安静的好学生。

在公共场合保持安静的文明行为
（作者：沈奕菲；指导教师：李文玉）

# 四十三、在通道，不久站，入电梯，勿迟慢

## 道德意涵解说

“在通道，不久站”，是说无论是在公共场合还是在学校里，都有许多人流较多的通道，如楼道、门口、楼梯口等，为方便大家，也为方便自己，在经过这些通道时，一定要快速行进，要顺着人流走，不要逆行和横插，更不要在通道内长时间站立，旁若无人地在那里谈笑，以免阻塞通道，造成拥堵，形成巨大的安全隐患。“入电梯，勿迟慢”是指在乘坐电梯时，应先出后进，并让老人、小孩、残疾人和客人先进电梯，等候电梯时应站立在电梯门口的右侧，出电梯时也应从右侧走出，这样就避免了相互拥挤。出入电梯千万不要耽搁时间，减少电梯内的人员等待时间。有的人为了等待朋友在电梯内一直按着开门键，全然不顾其他人的感受。此时正确的做法是在电梯外等待朋友坐下一趟电梯。按楼层按钮时按一下就可以了，不能反复乱按，更不能用伞柄、钥匙等尖锐物品来代替你的手指。当电梯里人多你又站在按钮前时，应主动问一下大家要到哪层并为其按下楼层按钮。在电梯内不可大声喧哗，更不能打闹嬉戏、跺脚乃至跳动，这些都会带来安全隐患，也会严重干扰他人。这些电梯里的小事，实际上是文明和安全的大事，同学们务必要身体力行，严格文明行事。

## （一）警示案例

某中学发生过这样一件事。课间的时候，有两个女生在楼道里拉着手聊天。突然从教室里跑出来一个男生，一边跑还一边回头大声地冲教室里的另一个男生叫嚷着，完全没有注意到楼道里的其他同学。紧接着，这个男孩便“砰”地一下撞倒了那两个女生，其中一个女生的脑袋被磕了一个大包。

我们对男生在学校楼道打闹的行为进行批评的同时，也要注意到被撞女生应负的责任。楼道是公共区域，长时间在此站立不仅会妨碍他人的通行，也会将自己置于危险中。因此不要在

人多的时候长时间站在楼道里聊天，因为有可能会出现不可预知的危险。

## （二）主要错误

### 1. 在通道中聊天说笑，影响他人通行

有的同学喜欢在通道内聚集聊天，影响其他同学的正常行走。

聚在通道聊天堵塞道路
（作者：刘默涵；指导教师：张振利）

### 2. 上下电梯时动作迟缓，耽误他人时间

有的同学在上下电梯时不能快速地行动，慢慢吞吞地，耽误其他电梯乘客的时间。

### 3. 长按电梯开门键等人，影响别人

有的同学在上下电梯时会长按着开门键等朋友，影响其他电梯乘客的正常出行，这时正确的做法是和朋友一起乘坐下一趟电梯。

长按电梯开门键等人
（作者：赵雨萱；指导教师：王芳）

## （三）学习与培养训练

### 1. 道理讲解与认知学习

老师要和同学们讲解“公共通道和公共电梯的文明”，用事例说明“通道和电梯也有很多的文明和不文明行为”。告诉同学们，小小的通道畅通与否和电梯的上下快慢都是个人素质的表现，都是新时代的中小学生应该注意的地方。同学们要从小事做起，养成文明礼貌的好习惯。

### 2. 情景再现与纠错学习

老师让每位同学都对自己过去在通道和上下电梯的情况做出总结和反思，分析其中的不足，也要分析出现不足的思想根源，如“脑子里没有让开通道的意识”“觉得上下电梯快慢不是什么事”“想着再坐下一趟电梯会耽误我和妈妈的时间，没想到是耽误了更多人的时间”，等等。老师要和大家仔细分析，没有让开通道和没有快速上下电梯是缺乏对别人的考虑，今后应该从思想意识上加以注意，把自己在各种公共场合的行为做好。

### 3. 集体学习与行为训练

同学们根据以上的学习对“该不该长按着电梯开门键等朋友”谈谈自己的认识和体会。然后，大家一起想象各种各样的通道以及类似电梯那样的公共场合（如在公共汽车、地铁等的快上快下），想想哪些是自己过去做得不够好的地方，今后应该如何注意，等等。然后大家一起进行一下体验性的学习，使大家对各种场合的“畅通”和“快捷”有一个更加具体的认识，更深刻地理解通道的作用以及对大家的重要性，平时要注意小节，多观察地形，做到与人方便，与己方便，成为一个具有高素质和为他人着想的“畅通人”。

在楼道和电梯里的文明行为
（作者：陆雨晨；指导教师：王芳）

### 4. 日常巩固与习惯养成

当同学们都已经对“在通道，不久站，入电梯，勿迟慢”的道理知晓之后，老师要帮助同学们将公共场所里的畅通行为固化下来并逐渐养成习惯。老师还要鼓励大家在这一方面互相学习、互相帮助，当看到同学在这些方面有不足时要及时提醒，被提醒的同学则要虚心接受并坚决改正。大家一起努力，都成为做事快捷有序的好学生。

# 第九篇 健康生活习惯养成

# 四十四、早明理，避烟酒，伤健康，形象丑

**道德意涵解说**

不抽烟、不喝酒，是一个健康人的重要显性特征。反过来说，一个从小就抽烟、喝酒的孩子，他的行为不但有悖于国家的有关法规，更会让人感觉到他不是一个好孩子。同学们要从小认识到抽烟、喝酒对自己身心的危害，这就是“早明理”的含义。有的同学以为叼个烟卷，众人面前喝掉一瓶啤酒，很酷、很有派，其实那都是假象，都是不正确的审美观，在这表面之后是很多人的鄙视和疏远，甚至成为你交朋友的真正障碍，因为抽烟、喝酒的学生真的形象很丑，而不是很酷。希望大家早早知道，要树立端庄文雅、品行方正的好形象。“避烟酒”还有一个重要的原因是烟、酒很“伤健康”，抽烟伤肺、伤气管、伤牙齿，喝酒伤肝、伤胃、伤血管，抽烟、喝酒还是多种慢性病的成因，甚至成为生命的隐患。抽烟、喝酒可谓有百害而无一利。请同学们不要去尝试这些可以让你上瘾的东西，已经染上的同学要尽快戒掉。同学们，让我们从小珍爱健康、远离烟酒。

## （一）榜样故事

我国“杂交水稻之父”“共和国勋章”获得者袁隆平院士，曾经有着长达63年的吸烟史。2010年，袁隆平见到了中国工程院院士、著名呼吸病学专家钟南山，钟院士“听”出袁隆平的肺部有问题，劝他戒烟并去医院检查。在查出慢阻肺后，袁隆平就下决心开始戒烟。

在此之前，袁隆平每天要吸二三十根烟。从下决心戒烟开始，他就自创了“三三四”法则，每天不超过十根烟，并不断减少每次吸烟的量。2012年的一个冬日，袁隆平患上了感冒，在输液治疗的时候，突然说：“吸了这么多年烟，还是有关系的，戒了吧。”从此之后，他就真的一口烟也没有再吸过。

## （二）主要错误

### 1. 不知道烟、酒不好，对其危害缺乏认知

因为烟、酒在生活中很常见，同学们身边抽烟、喝酒的人也很多，因此许多同学并没有认识到烟、酒是对身体不好的东西，也不认为抽烟、喝酒是不良行为。

### 2. 拿抽烟、喝酒当时髦

一些同学非但没有认识到烟、酒是对身体不好的东西，还拿抽烟、喝酒当时髦。甚至还有些同学将其当成是自己长大成人的标志，主动去学抽烟、喝酒。

对抽烟、喝酒的危害认识不足
（作者：刘思岐；指导教师：王芳）

把抽烟、喝酒当时髦
（作者：张俪檬；指导教师：张振利）

### 3. 自己不抽烟、不喝酒，但不劝诫别人

许多同学能意识到不抽烟、不喝酒是正确的行为，但是当自己的同学和朋友抽烟、喝酒时却不能善意地制止和劝诫，看着他们逐渐养成不好的习惯。

### 4. 散布抽烟、喝酒好的错误言论，并劝其他同学一起抽烟、喝酒

个别同学自己抽烟、喝酒，还到处说抽烟、喝酒好，劝其他同学和自己一起抽烟、喝酒。这是很不正确的行为。

错误宣传抽烟、喝酒好
（作者：刘思岐；指导教师：王芳）

## （三）学习与培养训练

### 1. 道理讲解与认知学习

老师要和同学们讲解为什么抽烟、喝酒不好：①烟、酒之中都有一些对身体不好的物质成分，不利于身体的发育生长；②烟、酒都是可以上瘾的物品，会对未来的健康生活有影响；

③青少年抽烟、喝酒违反国家和学校的有关规定，是违法违纪行为；④抽烟、喝酒是不美观的行为，特别是青少年学生；⑤不当的抽烟、喝酒还会影响到他人的生活与健康；⑥抽烟、喝酒甚至会引发其他社会治安问题等。老师还要用一些生活中的事例讲解因抽烟、喝酒而造成的坏处，告诉同学们要从小做一个身体健康、行为文明、具有健康良好的兴趣与爱好、善度余暇的好少年，不断告诫自己“不抽烟、不喝酒、多运动、重健康”，用正确的生活态度和坚韧的意志拒绝烟、酒。

### 2. 情景再现与纠错学习

老师可以让全体同学在一起对“该不该抽烟、喝酒”的问题做一个坦诚的讨论，让大家把自己的思想都亮出来，如“我爸爸抽了一辈子烟，没见他身体不好呀”“听说喝酒还能活血呢”“觉得抽烟挺好玩的，同学一劝我就尝了尝”“大家一起在大排档喝啤酒行吗”“咖啡能喝吗？听说喝咖啡也上瘾呀”，等等。老师要用有关的规定和有理有据的科学道理消除同学们的这些疑问和错误认识，使他们共同认识到作为青少年学生要从小拒绝烟、酒的道理与重要性。

### 3. 集体学习与行为训练

同学们可以根据以上的学习，谈谈对“我与烟和酒”的认识与体会。然后，大家一起想象各种烟、酒诱惑的场合，如好朋友劝自己抽烟时该如何劝诫和拒绝，年底大家一起聚会该喝什么酒，家庭、家族的各种宴会该喝什么酒，等等。然后大家一起做一些情景性行为训练，如模拟大排档聚会、家庭聚会、同学聚会等，端正对烟、酒的正确认识，把拒绝抽烟和喝酒的观念落实到日常生活中的行动上。

### 4. 日常巩固与习惯养成

当同学们都已经对“早明理，避烟酒，伤健康，形象丑”的道理知晓后，老师就要帮助他们将避烟、酒和拒烟、酒的正确态度变成拒绝陋习的行为与习惯。老师还要鼓励大家在避烟、酒，拒烟、酒，戒烟、酒方面互相学习、互相帮助，当看到同学有抽烟、喝酒的行为时要及时提醒，被提醒的同学则要虚心接受并坚决改正。大家一起努力，成为有文明行为和良好习惯的青少年。

养成不抽烟、不喝酒的良好习惯
（作者：张俪檬；指导教师：张振利）

# 四十五、不空虚，不放纵，远毒品，远恶友

## 道德意涵解说

“毒品”，让我们大家听起来就毛骨悚然。染上毒品的人可以说从此没有了自由、没有了朋友、没有了家庭、没有了财产、没有了安全、没有了健康，当然肯定也没有了幸福。吸毒会破坏人体的正常生理机能和新陈代谢导致机体免疫力下降，发生多种疾病。当毒瘾发作时，吸毒者往往人格扭曲，失去理智无法进行正常的生活工作，还易发生自残、自杀、自伤及危害他人等行为。一人吸毒便会打破家庭的美好平衡，更是为了毒品而花光大量钱财，还会影响后一代。恶友同样危害很大，如果亲近没有德性的小人，听取了他们的花言巧语，见多了他们的见利忘义，自己的邪见定会日益增长，智慧也将全部灭尽，无形中带来极大的危害。千万不要听坏人的怂恿，千万不要在年轻幼稚的时候去尝试那危害无穷的禁果、毒果、恶果！请大家时刻牢记人生警句“不空虚，不放纵，远毒品，远恶友”，珍爱生命，远离一切毒品、恶友及让你尝试毒品和接触恶友的人。

## （一）榜样故事

毒品，不仅是蚕食人心灵与健康的毒药，更是深深植进我国历史血脉里的剧痛。

我国屈辱的近代史是从鸦片战争开始的，鸦片就是毒品的一种。英国为了掠夺我国的财富，向我国走私鸦片。鸦片的泛滥极大地摧残了吸食者的身心健康，如任其发展下去，我国将“几无可以御敌之兵，且无可以充饷之银”，必将使中华民族面临灭亡的危险。此时，清政府中的有识之士纷纷站出来主张禁烟。道光帝任命林则徐为钦差大臣，前往广州禁烟。林则徐明白禁烟一事牵连甚广，其中包括朝中权贵、地方官商、英国侵略者和中外鸦片贩子。但他并没有退缩，在临行辞别时，他表示：“死生命也，成败天也。苟利社稷，敢不竭股肱以为门墙辱？”这充分表现了其置生死于不顾的凛然气概。经过坚决的斗争，林则徐收缴鸦片近 2 万箱，约 237 万

余斤，并于清道光十九年四月二十二日（1839 年 6 月 3 日）在虎门海滩上当众销毁。

毒品，从流入中国开始，便交织在每一个中国人的国仇家恨之中。毒品毁坏的是吸毒者的身体，侵蚀的是一个国家的未来。作为新时代的年轻人，同学们要时刻绷紧禁毒这根弦，为自己负责，为社会负责。

## （二）主要错误

### 1. 对毒品不够警惕

许多同学误认为毒品离自己的生活很远，对其缺乏足够的警惕，殊不知毒品危险有时就在身边。

缺乏警惕性
（作者：冯伊然；指导教师：张振利）

### 2. 缺乏对毒品危害的认知

许多同学对远离毒品的有关知识很缺乏，留下了在未来生活中受毒品侵蚀危害的思想隐患。

### 3. 身边有不好的朋友

一些同学愿意和社会上的人交朋友，但有些朋友是不好的，他们思想观念不正确，也不遵纪守法，经常劝诱身边的人去做一些不好的事情，如抽烟、喝酒、不当游乐等。遇到这样的朋友一定要尽快远离。

## （三）学习与培养训练

### 1. 道理讲解与认知学习

老师要严肃地和同学们讲解毒品的万般危害，告诉同学沾染毒品的那一天就是美好人生的终结。要用吸毒者的身心痛苦和家破人亡的无限凄惨境遇，让同学们从内心惧怕和警觉毒品，要告诫同学们毒品的沾染往往都是通过恶友的劝诱和欺骗，因此远离恶友才能远离毒品。还要认真学习有关毒品的知识和原理，从理论上和理性上筑起防范毒品的堤岸。

### 2. 情景再现与纠错学习

老师组织全体同学在一起以“毒品的危害与防范”为主题做一个深入的讨论，让大家把自己的想法都说出来，如“真不知道毒品那么可怕”“毒品防不胜防呀，应该怎么防呀”“都有哪些毒品呀，希望老师再给我们好好地讲一讲”“老师说的恶友的事很重要，过去觉得有社会经验的朋友好玩，现在看来也要加以辨别才是”“听说生人给的水是千万不能喝的”“据说很多人在歌厅唱歌时也是有危险的”，等等。老师要用真实的事例和科学的知识进行讲解和说明，使同学们真正掌握防范毒品的知识，建立起牢固的远离毒品的思想意识。

### 3. 集体学习与行为训练

同学们可以根据以上学习，谈谈对“毒品离我们有多远”的认识与体会。然后，大家一起想象毒品可能会侵蚀到我们的各种危险情况。大家还可以讨论一下应该如何加强身体锻炼，通过健康的生活和良好的业余爱好充实自己的生活，才能有效地拒绝毒品。同学们还可以在一起做一些有针对性的情景性行为训练，把防范毒品的意识扎牢，把远离毒品的思想观念落实到日常生活中严谨的行动上。

### 4. 日常巩固与习惯养成

当同学们都已经对“不空虚，不放纵，远毒品，远恶友”的道理知晓后，老师更重要的工作就是督促同学们建立起时刻警惕毒品的行为习惯。老师还要鼓励大家在远离毒品方面互相监督、互相提醒，当看到同学有这方面的危险时，无论是否严重，甚至不管是不是真实的，只要有征兆、有可疑性，就要及时提醒，被提醒的同学要加强警惕。大家一起努力，让毒品远离我们的生活，让我们的生活永远美好。

# 四十六、起与居，有节奏，勤学习，多远走

**道德意涵解说**

人的身体和钟表一样，有节奏、有钟点、有规律，最典型的就是我们从国外的某些地方回来需要“倒时差”的现象，这就是常说的生物钟。因此，我们平时要进行有规律的生活，而且这种规律应是早睡早起。的确，现在同学们的学习负担比较重，作业比较多，很难做到早睡早起。对于这一点，有四点建议给大家：第一，要提高学习效率，不要打疲劳战、持久战，而要打高效率的围歼战；第二，可以把一部分晚上的工作放在早上来做，如读外语、记单词和预习功课等；第三，要加强体育锻炼，以促进左右脑的交替休息，缓解大脑的劳累，特别要加强早上的锻炼，如走走路、跑跑步等，都是好的锻炼方法；第四，可以进行一些冷水浴的锻炼，来给自己提提神，提高学习效率，使生活变得有朝气。请同学们记住“起与居，有节奏，勤学习，多远走”，度过健康有朝气的每一天。



## （一）榜样故事

读万卷书，行万里路，我国明朝著名的地理学家、旅行家和文学家徐霞客，一生志在四方，足迹遍及今21个省、自治区、直辖市，“达人所之未达，探人所之未知”，所到之处，探幽寻秘，并记有游记，记录观察到的各种现象、人文、地理、动植物等状况。经30年考察撰成的60余万字的《徐霞客游记》，既是系统考察祖国地貌地质的地理名著，又是描绘中华风景资源的旅游巨篇，还是文字优美的文学佳作，在国内外具有深远的影响。

睡眠时间过少
（作者：周融融；指导教师：王芳）

作息时间紊乱
（作者：周融融；指导教师：王芳）

晚睡晚起，睡懒觉
（作者：周融融；指导教师：王芳）



## （二）主要错误

### 1. 睡眠时间过少，学习效率低

一些同学每天睡觉时间偏少，造成学习精力不够，学习效率变低，也影响学习成绩。

### 2. 不积极参加晨练

一些同学由于养成了晚睡晚起的习惯，每天早晨起床较晚，早上就没有任何锻炼的时间，长此以往，就没有了晨练的习惯。

### 3. 生活作息不规律

有些同学每天的学习和休息时间安排得不好，导致每天的作息时间比较乱，既降低学习效率，也影响身体健康。

### 4. 晚睡晚起，睡懒觉

一些同学一到休息日就晚睡晚起，习惯睡懒觉，既耽误大好时光，也养成了不良的作息习惯。

### 5. 拒绝行走，经常久坐

有些同学由于学习负担重，或喜欢打游戏等，在家的时候，总是坐在那里，从不锻炼，连到外面走走都不愿意。经常久坐会引起相关的身体健康问题。

## （三）学习与培养训练

### 1. 道理讲解与认知学习

老师要和同学们讲解健康的作息、充足的睡眠的重要性，用科学的道理给同学们讲解人体里的生物钟，说明要想健康地生活和有效率地学习就要保证：①每天基本不变的作息时间，也就是到点吃饭、到点睡觉、到点学习、到点锻炼，该做什么就做什么，让健康的生物钟建立起来。②要提高学习和生活的效率，做事不能拖沓、磨蹭，做每件事情都要认真，做到又快又好，这样就能节约出许多宝贵的时间。③积极参加各种体育锻炼，学习时间再紧张，也要抽出一定的时间进行身体锻炼。如果时间充裕的话，可以参加比较正规的体育运动；如果时间不多，可以进行跑步、走路等简便运动；如果时间很少，也可以就在房间里做力量、柔韧、灵敏、耐力、速度等素质练习和体适能锻炼。每天进行 40 分钟左右的身体锻炼，就能使我们精神抖擞，提高学习和生活效率。新时代的中小学生应该把健康向上的生活态度贯穿到每天的生活中，克服松懈的生活态度和生活节奏，做一个朝气蓬勃的文明青少年。

### 2. 情景再现与纠错学习

老师可以让每个同学对自己每天的生活内容进行总结，反思其中的不足和应该修正的地方。也要分析为什么会出现这样的不足以及背后的客观原因和内在的思想根源，如“生活节奏我管不了啊，那么多的作业和课外学习”“锻炼干嘛，能打会儿游戏最好”“每天就觉得人懒懒的，老想躺着”“我倒是想睡觉呢，那么多学习还等着我呢”“越锻炼不是越累吗”“确实效率挺低的，干这件事时有时老想着另一件事，妈妈说我注意力不集中”“我想在写作业的间隙做些锻炼，但我也不会锻炼方法呀”，等等。老师要和同学们一一分析这些思想中的错误，给大家讲讲左脑和右脑的分工以及积极性休息的原理，鼓励大家能回到家里做一些尝试，感受一下锻炼后的学习效率。

### 3. 集体学习与行为训练

同学们根据以上学习，谈谈对“生物钟”“积极性休息”的体会。然后，大家一起想象生活中的各种有效率的生活，如有效率的睡眠、有效率地吃饭、有效率的作业、有效率地学习、有效率地锻炼，等等。大家交流一下提高效率的经验。老师还要针对大家不会进行简易锻炼的问题，教教大家在家的周围进行走步、慢跑锻炼的方法，以及在寝室里就可以锻炼的方法，大家一起做一做练习，体验体验，记忆一下。老师还可指导同学们学会用心率控制自己运动量的方法，以帮助同学们提高在家庭生活中的体育锻炼能力。

### 4. 日常巩固与习惯养成

当同学们都已经对“起与居，有节奏，勤学习，多远走”的道理知晓后，就要帮助同学们将健康作息和坚持锻炼的行为举止巩固下来并逐渐养成习惯。老师还要鼓励大家在健康作息和每天锻炼方面互相学习、互相帮助，当看到同学不爱锻炼和不卫生的作息时要提醒，被提醒的同学则要虚心接受并改正。大家一起努力，使生活变得有条不紊和健康卫生。

良好的作息，规律的生活
（作者：周融融；指导教师：王芳）

# 第十篇 体育文明品行目标

# 四十七、尚运动，修吾身，蛮体魄，文精神

## 道德意涵解说

“欲文明其精神，先自野蛮其体魄”。想要让人们精神变得文明，应该先使他们的身体更强健，强健的身体是做一切事情的前提。而真正的完美，是在强健外表的同时也要注重自己内心修养，知识就是力量这句话足以说明学识和修养是多么重要。而一个国家的发展正是靠这些有体魄、有知识的人。

在中国的古代，常有“重文轻武”之风，长此以往导致武风不振，民族精神也逐渐孱弱萎靡，直至中国最后走到了被外国人欺负的半殖民地半封建社会，沦落到了保国保种的最危险的时候。中华人民共和国成立后，共产党带领中国人民站了起来，毛泽东主席号召中国人民“发展体育运动，增强人民体质”，国家日益强大，中华民族也开始了伟大复兴。但随着日常运动的减少和“重文轻武”的陈旧观念的影响，青少年的体质不良状况令人担忧。因此作为新时代的中国青少年，一定要崇尚运动，崇尚竞争，崇尚身体锻炼，不断修炼自己的身心，即“尚运动，修吾身”。毛泽东在1917年发表的《体育之研究》中告诫我们，体育的本质是“文明其精神，野蛮其体魄”。这提醒我们，体育不仅仅是身体的活动，也是教育活动，提醒我们在强健身体的同时，也要通过体育活动不断地规范自己的行为，培养良好的道德品质，做一个身心健康的好少年。





## （一）榜样故事

毛泽东不仅是伟大的马克思主义者，杰出的无产阶级革命家、政治家、思想家、军事家，也是体育运动的积极倡导者和实践者。1917 年 4 月，毛泽东在《新青年》杂志第三卷第二期中发表了《体育之研究》，其中提出了“文明其精神，野蛮其体魄”“体育者，养身之道也”“善

其身无过于体育”“体育一道，配德与智育，而德智皆寄于体”“无体是无德智也”等重要论点，至今仍焕发着强大的生命力。现在这篇文章成了体育院校学生必看之理论著作。中华人民共和国成立后，当中国体育总会组织的第一届工人体育运动会召开时，毛泽东又再次题词：“发展体育运动，增强人民体质。”他指出体育锻炼的根本目的是增强人民体质。

毛泽东从青年时代起就刻苦地进行体育锻炼，并自创了许多健身方法，如“六段运动”体操、冷水浴、雨浴、雪浴、风浴等。而游泳、登山和打乒乓球则是他终身喜爱的运动项目。从少年至老年，游泳运动始终是毛泽东的最爱。早在湖南省立第一师范学校读书时，登山运动就是他的一大爱好。在革命生涯中，他更与大山结下了不解之缘：在莽莽苍苍的井冈山，毛泽东建立了第一个红色政权，反“围剿”破来敌；转战湘、赣、闽、粤山区，播下了燎原的星星之火；长征途中，爬雪山，过草地，“万水千山只等闲”；中华人民共和国成立后在全国视察时，毛泽东工作之余登山锻炼身体，磨炼意志。

## （二）主要错误

### 1. 信奉“生命在于静止”等错误理论，不崇尚体育锻炼

一些同学不喜欢锻炼身体，还找出一些不正确的理论来替自己辩护，如“生命在于静止”“玩物丧志”“四肢发达，头脑简单”之类。

因错误思想不爱运动
（作者：冯伊然；指导教师：张振利）

### 2. 在体育锻炼中不注意修身养性

一些同学虽然锻炼身体，但不注意文明锻炼身体和科学锻炼身体，只把体育当作玩和娱乐，没有注意到体育锻炼实际上是一种自我修炼和自我教育的过程。

### 3. 不注意自己的体形、体态

一些同学不注意通过有效的锻炼来保持良好的体型和体态，导致体型有问题，影响自己的形象，更影响健康。

### 4. 不积极践行每天锻炼一小时的要求

每天锻炼一小时是国家对每个青少年的要求，应该积极践行。但有一些同学不积极参加体育锻炼，导致基础运动量不足，严重影响身体发展和动作能力发展。

没有擅长的体育运动技能
（作者：冯伊然；指导教师：张振利）

### 5. 没有一项喜欢并擅长的体育运动技能

一些同学由于不喜欢体育运动，慢慢地变得不擅长体育运动，没能掌握任何运动技能，以至于在集体体育活动中产生自卑感，甚至疏远集体，变得孤独，更为毕业后的健康幸福生活造成长远的影响。

## （三）学习与培养训练

### 1. 道理讲解与认知学习

老师要和同学们讲解为什么青少年一定要崇尚锻炼身体，因为：①这是对抗现代社会运动不足的需要；②崇尚运动和锻炼是现代文明人的基本特征；③具有好的身体和超群的运动技能是有文化、有教养的表现；④年轻时锻炼的基础可以终身享受，相反年轻时缺乏锻炼，一生后患无穷；⑤身体锻炼可以实现积极性的休息，有益于当前的学习和良好的作息；⑥体育锻炼可以振奋自己的精神，可以培养坚强和不怕苦的精神；⑦体育活动有利于与同学们的交流和团结；⑧体育锻炼可以帮助自己走向自然，领略美好风光与事物；等等。

### 2. 情景再现与纠错学习

老师可以让每位同学都对自己过去的体育锻炼、体形和体态、运动技能掌握、体育文明等做出总结和反思，找出其中的问题，分析错误及背后的思想根源，如“没想到身体好、有技能是有教养的表现，以前只知道读书好才是有教养”“觉得体育就是玩嘛，还能修身养性吗”“不会运动技能不是我的错呀”“不会技能就会孤独，是不是有些夸张呀”“玩多了不会影响学习吗？体育能促进文化课学习是真的吗”，等等。老师要和同学们仔细分析这些思想的问题所在，给同学们讲解科学的道理，纠正同学们头脑中的不正确认识，建立同学们自觉锻炼的思想基础。

### 3. 集体学习与行为训练

同学们根据以上的学习，谈谈对“体育与学习的关系”“体育与自我修炼”“体育与现代生活”“体育对一生的影响”等问题的体会。然后，大家一起想象体育锻炼的各种场景和应该注意的问题等，如文明的体育锻炼要领、保持体型的方法、端正体态的方法、如何根据自己特点选择要掌握的运动技能等，然后大家一起做一些情景性和探究性的学习，努力在思想认识上和锻炼行为上更加自觉和理性。

### 4. 日常巩固与习惯养成

当同学们都已经对“尚运动，修吾身，蛮体魄，文精神”的道理知晓后，就要帮助同学们将体育锻炼的正确认识落实到自觉参加锻炼的行为中。老师还要鼓励大家在自觉和文明参加体育锻炼方面互相学习、互相帮助，当看到同学不积极锻炼身体的时候要及时提醒，被提醒的同学则要虚心接受并坚决改正。大家一起努力，成为适应现代社会要求的崇尚体育锻炼的好青年。

崇尚运动的好少年
（作者：冯伊然；指导教师：张振利）

# 四十八、身心健，强体魂，内外修，文武存

## 道德意涵解说

少年强则国强，当代青少年肩负着民族复兴的伟大使命。但是，在青少年中“无气力、无感动、无关心、无敬畏、无责任、无规则”的青少年并不少见。而体育运动最讲究有气力、有感动、有关心、有敬畏、有责任、有规则。因此奥林匹克运动将自己定义为“最伟大的教育运动”就是这个含义。“身心健”是时代对我们当代青少年的要求；“强体魂”是我们为祖国健康地工作五十年的基础，也是我们每个人幸福生活一生的基础；“内外修”是说内外兼修是体育锻炼的基本要求；“文武存”是指我们每个人都要为祖国而锻炼身体，努力做到文武双全，做到身体好、学习好、工作好。

## （一）榜样故事

辛弃疾，别号稼轩居士，南宋官员、将领、文学家。辛弃疾曾有过率领五十骑突袭金营活捉叛徒张安国的壮举，同时，他也把对国家兴亡、民族命运的关切、忧虑寄于词作之中。他的词以豪放为主，现存六百多首，有词集《稼轩长短句》等传世，其中《青玉案・元夕》《永遇乐・京口北固亭怀古》等名篇被千古传唱。

## （二）主要错误

### 1. 精神萎靡

一些同学由于缺乏锻炼，加上学习压力大，出现精神萎靡和情绪低落的现象，对周围的事物不感兴趣，对眼前的学习不积极，缺乏朝气蓬勃的精神。

### 2. 体形、体态不健美

一些同学由于缺乏对体形、体态的重视和相应的锻炼，加上饮食营养等问题，出现了体形

不正、体态不良等问题。

### 3. 经常感冒生病

一些同学由于长期缺乏体育锻炼，特别是缺乏身体适应力和抵抗力的锻炼，经常感冒生病，既影响正常的学习，也影响身体的发育和成长。

经常感冒生病
（作者：张欣玥；指导教师：王芳）

### 4. 心理灰暗不健康

一些同学由于缺乏体育锻炼，加上学习压力等各方面原因，形成了对周围的人和事的不良心理态度和负面情绪，如疏远他人、拒绝他人和怀疑他人的心态等。

### 5. 朋友很少

一些同学由于缺乏与大家共同参加文体活动的经历，也没有注意主动和大家进行交流，甚至是在意识上和行为上比较任性，使得自己朋友很少，人际关系欠佳。

精神萎靡
（作者：张欣玥；指导教师：张振利）

朋友很少，人际关系欠佳
（作者：张欣玥；指导教师：王芳）

## （三）学习与培养训练

### 1. 道理讲解与认知学习

老师要和同学们讲解为什么青少年一定要崇尚锻炼身体，并保持自己身体和心理健康，讲解具有良好运动能力的深远意义，如：①身体健康是一生的财富，是幸福生活的保证；②良好的心理健康状态同样对同学们眼前的学习和未来的生活有着决定性作用，因此要非常注意自己的精神状态，使自己精神饱满、朝气蓬勃；③具有良好的性格并有良好的人际关系同样决定着人的长远发展，因此要非常重视自己的性格培养；④具有良好的运动技能可以获得同学们的尊重和喜爱，可以结识更多的好朋友，可以参加更多的体育锻炼；⑤多参加体育锻炼可以让自己身体强壮、心胸开阔和与他人交往增加，从而使自己体魄强健、精神振奋。

### 2. 情景再现与纠错学习

老师可以让每位同学都对自己过去的生活从身心健康的视角做出总结和反思，找出其中的问题，分析错误及背后的思想根源，如“没想到身体好、有技能还有这么多的作用”“每天就觉得昏昏沉沉的，整天无精打采，干什么都没有兴趣，原来参加一下体育锻炼就可以改善呀，明天开始试一试”“以前不爱体育是觉得体育没用”“累的时候就想躺着，但有时觉得越躺越累”“第一次明白了体育为什么能让人心理健康的道理”“是啊，多参加体育活动就可以多交朋友了”，等等。老师要借机给同学们介绍体育锻炼的方式方法，促进同学们可以尽快加入体育锻炼。

### 3. 集体学习与行为训练

同学们根据以上学习，谈谈对“体育与身心健康”“如何通过体育内外兼修”的体会。然后，大家一起想象日常生活与体育锻炼的关系以及体育锻炼应该注意的问题等。然后大家与老师一起讨论在现在的生活里，应该如何参加适合自己的体育活动和锻炼，多了解一些参加学校和社会里体育活动的途径，为尽快参加体育活动和锻炼做好信息方面的准备。

做身心两健、文武双全的好少年
（作者：张欣玥；指导教师：张振利）

### 4. 日常巩固与习惯养成

当同学们都已经对“身心健，强体魄，内外修，文武存”的道理知晓后，就要帮助同学们将体育锻炼的正确认识落实到自觉参加各种体育活动和日常的身体锻炼的行为中。老师还要鼓励大家在自觉参加体育锻炼方面互相学习、互相帮助，当看到同学不积极参加体育活动而出现不良的身心状况时要及时提醒，被提醒的同学则要虚心接受并坚决改正。大家一起积极地投入阳光体育活动中去，做一名内外兼修的好少年。

## 四十九、崇健康，心地纯，济天下，吾辈人

### 道德意涵解说

“崇健康，心地纯”，是说新时代的青少年必是崇尚健康生活的一代人，也必是继承中华民族勤劳、勇敢、善良、忠孝、简朴等优秀品质的一代人，也是践行社会主义核心价值观的一代人。“济天下，吾辈人”，是说现代的青少年担负着实现中国梦的伟大历史使命。要完成这一历史使命，就必须要求每一个青少年都能“独善其身、兼济天下”，只有每个中国青少年都身心健康、独善其身，我们的祖国才能成为世界上最强大的国家，中华民族才能雄立于世界民族之林。

### （一）榜样故事

钟南山，中国工程院院士、著名呼吸病学专家，在抗击非典型肺炎疫情和新冠病毒感染疫情防控中做出了巨大贡献，被党中央授予“共和国勋章”。

钟南山1936年出生于南京的一个医学世家。他年轻的时候酷爱运动，1959年9月，在首届全国运动会上，钟南山夺得男子400米栏冠军并创造了当时的全国纪录。1960年钟南山毕业于北京医学院（今北京大学医学部），2007年获英国爱丁堡大学荣誉博士，2007年10月任呼吸疾病国家重点实验室主任，2010年获澳门科技大学荣誉博士学位，2014年获香港中文大学荣誉理学博士，2019年被聘为中国医学科学院学部委员。

2003年，我国暴发了非典型肺炎疫情，在抗击“非典”的重要战场，钟南山不顾年事已高，冒着被感染的危险，悉心指导救治病人。他以非凡的学术勇气和不惧艰险、勇于承担的精神，倾尽全力工作。他带领所在的广州市呼吸疾病研究所主动请缨专门收治重症病人，进行开创性的医疗工作，在抗击非典型肺炎战斗中起了关键、主导的作用，并倡导与国际卫生组织合

作，主持制定我国“非典”等急性传染病诊治指南，为战胜非典型肺炎疫情做出重要贡献，钟南山的治疗方法也得到了世界卫生组织的采纳。2020 年，新冠病毒感染疫情暴发后，84 岁的钟南山临危受命担任国家卫生健康委员会高级别专家组组长，登上前往武汉的高铁，在实地调研后确认这种新发现的疾病已经出现人传人现象。而后，钟南山在北京接受媒体采访时，果断向社会公布新冠肺炎存在人传人的情况，拉响了全国新冠病毒感染疫情防控的警报，他强调严格防控，领导撰写新冠病毒感染诊疗方案，在我国疫情防控、重症救治、科研攻关等方面均做出了杰出贡献。

缺乏正确的理想和信念
（作者：冯依然；指导教师：张振利）

沉溺于不健康的生活方式中
（作者：丁宇彤；指导教师：王芳）

对体育文化视而不见
（作者：丁宇彤；指导教师：王芳）

## （二）主要错误

### 1. 缺乏正确的理想和信念

一些同学不重视正确的理想和信念在自己学习和生活中的导向作用，拒绝理想和信念的教育，甚至信奉一些错误的世界观、人生观和价值观，导致从根本上缺乏正确的生活态度和健康文明的行为。

### 2. 不正视社会的要求，也不重视自己的身心健康

一些同学在需要健康身心的现代社会中，不重视健康的生活，不践行健康的行为，逐渐成为不符合社会潮流和需求的人。

### 3. 安于不健康、不向上的生活方式

一些同学的生活方式不积极也不健康，但这些同学却沉迷其中不自觉，长此以往，浑浑噩噩，将不健康、不向上的生活方式变成了习惯。

### 4. 缺乏青年人应有的使命感和精神状态

一些同学对青少年应有的思想和行为缺乏认识，也不能严格地要求自己，在一些不正确的思想和行为中随波逐流。

### 5. 不关心体育文化，也不重视自己的体育参与

一些同学不关心体育的话题，对五彩缤纷的体育文化视而不见，对世界大型体育赛事无感，因此也不能用体育文化来感染自己，带动自己进行身体锻炼，主动放弃现代人所需的生活内容。

## （三）学习与培养训练

### 1. 道理讲解与认知学习

老师要给同学们好好地讲解什么是新时代的青少年应该具有的精神和行为，要给同学们画一张“新时代中国青少年的理想体育人像”，如：①崇尚英雄、崇尚竞争、崇尚团结、崇尚刻苦、崇尚运动；②具有良好体形和体态，拒绝臃肿和不正确的瘦身；③具有良好的身体素质和运动能力，身体矫健；④具有明显的运动特长和广泛的运动爱好；⑤对体育文化有深刻的理解，喜欢观赏并能文明理性地观赏体育赛事；⑥热爱同学、关心同学，具有同情心，经常帮助体育差的同学进行体育学习与锻炼；⑦在体育比赛中自觉遵守规则，在社会生活中遵纪守法；⑧朝气蓬勃并乐观向上，行为善良而友好，乐于交友并善于交友；⑨衣着清洁卫生，打扮美观大方，行为规范礼貌；⑩注重营养，不挑食、不浪费，注重寒暑锻炼，不怕冷、不怕热。老师可让同学们再试着补充“新时代中国青少年的理想体育人像”的内容，借着画“新时代中国青少年的理想体育人像”的过程，让同学们全面而深刻地认识到体育对新时代青少年的深远意义。

### 2. 情景再现与纠错学习

老师让每位同学都回想一下自己过去的生活，对照“新时代中国青少年的理想体育人像”进行总结和反思，找出自己与“新时代中国青少年的理想体育人像”之间的差距，分析自己过去生活中的各种错误观念和有缺陷的行为。老师要因势利导、循循善诱地帮助同学们分析问题，也教会同学们有关健康生活的原理和知识，进一步端正同学们头脑中的不正确认识和理解，稳固地树立同学们立志做新时代青少年的志向。

### 3. 集体学习与行为训练

同学们根据以上学习，仔细并深入地谈谈对“什么是新时代的体育要求”“我们如何变成理想的体育人”的体会。然后，同学们一起思考和设想今后的运动参与和体育锻炼，结合某个同学未来的身体锻炼计划进行研讨式的学习，然后大家一起做情景性和探究性的学习，努力在思想、原理、知识、行为准则等方面进一步提高对运动参与和身体锻炼的理性和自觉性。

### 4. 日常巩固与习惯养成

当同学们都已经对“崇健康，心地纯，济天下，吾辈人”的道理充分理解之后，老师就要帮助同学们将为祖国锻炼身体、为新时代的使命锻炼身体的崇高自觉性化为每天锻炼一小时的自觉行动。老师还要鼓励大家在“崇健康，心地纯，济天下，吾辈人”的践行方面互相学习、互相帮助，当看到同学有消极颓废的言行出现时，要及时提醒。大家一起努力，争当新时代健康文明的青少年。